geni@l

Deutsch als Fremdsprache für Jugendliche

Kursbuch A2

von
Hermann Funk
Michael Koenig
Ute Koithan
Theo Scherling

in Zusammenarbeit mit
Susy Keller
Maruska Mariotta

Langenscheidt

Berlin · München · Wien · Zürich · New York

Von Hermann Funk, Michael Koenig, Ute Koithan, Theo Scherling

in Zusammenarbeit mit
Susy Keller und Maruska Mariotta

Redaktion: Lutz Rohrmann
Layout: Andrea Pfeifer und Theo Scherling
Illustrationen: Theo Scherling und Stephen Bennett (Die Clique)
Umschlaggestaltung: Andrea Pfeifer unter Verwendung eines Fotos von Corbis, Düsseldorf

Das Autorenteam und der Verlag danken allen Kolleginnen und Kollegen, die geni@l erprobt, begutachtet sowie mit Kritik und wertvollen Anregungen zur Entwicklung des Lehrwerks beigetragen haben.

geni@l

Deutsch als Fremdsprache für Jugendliche

A2: Materialien

Kursbuch A2	47570
CD zum Kursbuch	47574
Audiokassette zum Kursbuch	47573
Arbeitsbuch A2	47571
CD zum Arbeitsbuch	47576
Kassette zum Arbeitsbuch	47575
Lehrerhandbuch A2	47572
Lernglossar Deutsch-Englisch A2	47580
Lernglossar Deutsch-Französisch A2	47581
Lernglossar Deutsch-Italienisch A2	47582
Lernglossar Deutsch-Spanisch A2	47583
Testheft	47578

Symbole in geni@l A2:

Zu dieser Aufgabe gibt es eine Tonaufnahme.

Hier soll ins Heft geschrieben werden.

Diese Aufgabe beschäftigt sich besonders mit der sprachlichen Form.

Hier gibt es im Lehrerhandbuch Hinweise für „Internetprojekte".

Besuchen Sie auch unsere Homepage **www.langenscheidt.de/geni@l**

Umwelthinweis: gedruckt auf chlorfrei gebleichtem Papier

Printed in Germany
ISBN-13: 978-3-468-47570-2
ISBN-10: 3-468-47570-5

4. 5. 6. 08 07 06

geni@l

Deutsch als Fremdsprache für Jugendliche

Das lernst du in geni@l A2

	Themen/Texte	Kommunikation	Grammatik	Lernen lernen
1 6	Freundschaft Neu in der Klasse Leserbrief Jugendzeitschrift Gespräch auf dem Schulhof	*Gefällt dir die Schule?* *Mir gefällt das Bild.* *Sie sagt, dass …* *Ich glaube, dass …*	Personalpronomen im Dativ Verben mit Dativ Nebensätze mit *dass*	Ein Lernplakat machen Adjektive in Gegensatzpaaren lernen Arbeit mit Lernkarten Hörstrategien
2 12	Klassenfahrt nach Wien I Tagebuch Stadtpläne	*Wo ist …?* *Gehen Sie über den Platz.* *Das Rathaus ist am Bahnhof.*	*Wo?/Wohin?* Präpositionen im Akkusativ und Dativ	Vokabelstadtplan Tabelle Übungen selbst machen
3 18	Klassenfahrt nach Wien II Postkarten Tagebuch Fotoroman Gedicht	*Sie haben Spaß gehabt.* *Wir haben in Spanien gelebt.* *Sie ist um 7 Uhr aufgestanden.*	Perfekt von regelmäßigen und unregelmäßigen Verben	Eine Grammatikregel selbst finden (SOS) Eine Geschichte mit Stichwörtern erzählen
4 24	Medien: Vor- und Nachteile Früher und heute Zeitungsnotizen Interview	*Ich finde, dass …* *Computer machen Spaß, aber …* *Britta ist größer als ich.* *Ich hatte keine Zeit.*	Komparativ: *groß-größer, größer als, so groß wie* Präteritum der Modalverben: *Ich wollte, konnte, durfte …*	Lernplakat Lesestrategien Lernkarten schreiben
5 30	Perfekt wiederholen: Wochenende, Pantomime in der Klasse, mit Sprache spielen · Minidialoge: Gehört das Fahrrad dir? · Ein Liebesbrief · Freunde: Eine Geschichte · Orientierung in der Stadt Aussprache: Varianten zu einem Dialog · Wortakzent/Satzakzent Lernen mit System: Strategien zum Hörverstehen · Die Lernziehharmonika			
6 36	Sport und Rekorde Bundesjugendspiele Körperteile Krankheiten Ein Sportfest Interview Entschuldigungen	*Ich treibe Sport, weil …* *Wer kann am schnellsten laufen?* *Mein Bein tut weh.* *Ich habe die Hausaufgaben gemacht, aber …*	Superlativ: *am schnellsten, der Schnellste* Nebensätze mit *weil* Gegensätze mit *aber*	Lesestrategien: Notizen machen Wörter mit Musik lernen Lernplakat: Körperteile Eine Regel entdecken
7 42	Kleidung Modenschau Collage Interview Eine Geschichte	*Wie findest du meine Bluse?* *Das Kleid steht dir gut.* *Haben Sie das Hemd auch in Blau?*	Adjektive vor dem Nomen (Nominativ/Akkusativ): *ein roter Schal, einen roten Schal*	Mit einer Grammatiktabelle arbeiten
8 48	Essen und Trinken Essen und Sprache Lied: Geschmackssache Zeitungsnotiz Ein Witz Redewendungen	*Wir gehen oft italienisch essen.* *Das ist mir zu scharf.* *Das kenne ich nicht.* *Das ist mir wurst!*	Possessivartikel im Dativ: *Wie geht es deiner Schwester?*	Eine Grammatiktabelle selbst machen Gedächtnishilfe für Präpositionen mit Dativ Lesestrategien

Eine Partygeschichte Gute und schlechte Laune · Konflikte Tagebuch Lied: Schaurig traurig Psychotest	*Ich bin gut drauf.* *Ich bin total sauer.* *Ich bin traurig.* *Das stimmt nicht!* *Tut mir Leid.*	Sätze mit *wenn – dann* Modalverb *sollen*	Eine Regel finden Neue Wörter erschließen	**9** 54
Mode selbst machen · Mein Top-Star · Was ist in/out? · Lesetext: Einen Kilometer Bratwurst bitte! Wem bringt Conny was mit? · Sportarten · Tipps fürs Leben · Ein Rezept: Arme Ritter Aussprache: Vokale mit Gedichten üben Lernen mit System: Szenen spielen und variieren				**10** 60
Ein Krimi: Einstein und die falsche Fährte Radiomeldung Zeitungsnachricht	*Er ist in der Klasse geblieben, weil …* *Ich glaube, dass …* *Vielleicht hat er …* *Es kann sein, dass …*	Präteritum von regelmäßigen und unregelmäßigen Verben	Lesestrategien Eine Regel finden (SOS) Verbformen mit Rhythmus lernen	**11** 66
Wohnen Das eigene Zimmer Probleme mit den Nachbarn Fotos Informationstexte	*Das Poster hängt an der Wand. · Häng deine Kleider in den Schrank! · Ich habe ein kleines Zimmer. · Der Student, der über uns wohnt, …*	Präpositionen mit Akkusativ und Dativ Relativsätze (N/A): *Der Film, den ich gestern gesehen habe, war langweilig.*	Wortschatz ordnen Mit Stichwörtern arbeiten Eine Regel finden Übungen selbst machen	**12** 72
Taschengeld wie viel, wofür? · Tipps für mehr Taschengeld Geschichte: Die SMS-Katastrophe Collage Statistik Interview	*Ich bekomme (nicht) genug Taschengeld, deshalb …* *Ich habe nie genug Geld, weil …* *Das ist für mich wichtig.* *Wofür brauchst du dein Taschengeld?*	Gründe/Konsequenzen: *weil* und *deshalb* Fragen mit *wofür?* und *für wen?* Zeitangaben mit Präpositionen	Satzmuster vergleichen Hypothesen überprüfen	**13** 78
Typisch deutsch? Missverständnisse D-A-CH-Quiz Austauschschüler Lieblingsthema Wetter Collage · Interviews Ein Lied	*Die Deutschen …* *Viele Deutsche essen gerne …* *Kannst du mir sagen, wo das Museum ist?* *Es regnet.* *Die Sonne scheint.*	Indefinitpronomen: *viele, manche …* Indirekte Fragesätze mit W-Wörtern: *Weißt du, wo …* *Ich weiß nicht, warum …*	Strategien zum Hörverstehen Über kulturelle Unterschiede nachdenken Ein Projekt vorbereiten	**14** 84
Eine Stadt – meine Stadt: Ein Gedicht · Einen Brief schreiben Relativsätze wiederholen · Fehler finden und korrigieren Aussprache: Einen Dialog sprechen und spielen · Ein Spiel zur Aussprache Lernen mit System: Selbstevaluation zu den Themen von geni@l A2 Spiel: Eine Rallye durch das Buch Landeskunde: Weihnachten und Ostern				**15** 90

Grammatik im Überblick **99**

Alphabetische Wortliste **111**

Quellen **120**

Freundschaft

a

Die beste Freundin von Vera ist Nilgün. Leider gehen sie nicht in dieselbe Klasse, aber in der Freizeit sind sie immer zusammen. Am liebsten unterhalten sie sich über das Thema „Jungen".

b

Frank, Kolja und Dirk sind „dicke Freunde". Sie machen alles zusammen. Frank sagt: „Auf Kolja und Dirk kann ich mich immer verlassen. Ich vertraue ihnen 100 Prozent! Nächstes Jahr machen wir eine Radtour nach Polen."

c

„Mein bester Freund heißt Rudi. Er ist lustig, ehrlich und sehr intelligent. Ich kann ihm alles erzählen. Er hilft mir immer. Wir machen Sport zusammen und wir helfen uns bei den Hausaufgaben. Wir haben viel Spaß."

d

Der beste Freund für Nina ist Mister Allister. Sie sieht ihn jeden Tag. Sie gibt ihm Futter, sie erzählt ihm alles und er hört ihr immer zu. Sie lieben beide die Natur.

1

2

3

4

1 Texte und Bilder – Was passt zusammen? Lest und ordnet zu.

2 Zu jedem Text passt eine Aussage. Ordne sie zu.

1. Tiere verstehen mich manchmal besser als Menschen.
2. Jungen sind oft blöd!
3. Mit ihm ist es oft sehr lustig.
4. Wir machen sogar zusammen Ferien.

3 Welches Foto, welcher Text passt zu dir?

Text a passt zu mir.

Meine beste Freundin heißt …

4 Wie muss ein guter Freund / eine gute Freundin sein?

a Lest die Adjektive und macht ein Plakat: Deutsch – eure Sprache.

treu – lieb – intelligent – stark – lustig – zuverlässig – mutig – ehrlich – offen – hilfsbereit – sportlich – aufmerksam – interessant …

b Adjektive in Gegensatzpaaren lernen – Was passt zu den Adjektiven in 4a?

feige – unzuverlässig – dumm – böse – schwach – langweilig – unehrlich – untreu – traurig …

5 Einen Freund / Eine Freundin beschreiben
Welche Eigenschaften passen?

Mein Freund ist …

6 Leserbrief 1 – Habt ihr einen Tipp für Anna?

Ich habe keine Freunde
Seit 4 Monaten wohnen wir jetzt in Hannover. Die Stadt gefällt mir aber nicht. In Jena hatte ich viele Freunde. Aber jetzt bin ich ganz allein. In der Klasse spricht niemand mit mir. Niemand ruft mich an, keiner lädt mich ein. Ich bin gut in der Schule, aber die Lehrer mögen mich auch nicht. Was kann ich nur tun?
Anna, 13

Dipl.-Psych. Dr. Leman Schulze

Das Problem von Anna haben bestimmt auch andere Schüler. Aber man kann ihr helfen. Auf Seite 8 findet ihr „Tipps und Tricks für neue Freunde“.

7 Lest die Tipps – Was findet ihr gut oder nicht so gut?

Tipps und Tricks für neue Freunde

1 Hilfen geben – um Hilfe bitten
Eine Schülerin hat Probleme mit den Hausaufgaben.
- Kann ich dir helfen?
- Ist alles o.k.?

Selbst um Hilfe bitten.
- Kannst du mir helfen?
- Ich habe ein Problem.
- Kannst du mir das erklären?

2 An andere denken
Kennst du die Geburtstage von deinen Klassenkameradinnen?
- Heute hast du doch Geburtstag, oder? Herzlichen Glückwunsch!
- Gefällt dir der Kuli? Ich schenk ihn dir. Ich hab zwei davon.

Gute Wünsche finden alle gut.
- Viel Glück beim Mathetest!
- Alles Gute!

3 Komplimente machen
Ein Mitschüler hat etwas Neues.
- Die Jeans steht dir gut!
- Das T-Shirt sieht gut aus. Ist das neu?
- Dein Füller ist echt cool.

(Tipp: Ein Lächeln hilft immer!)

4 Kreativ sein
Einen Mitschüler mit einem „Trick“ einladen.
- Ich habe noch eine Karte für das Rockkonzert am Samstag. Meine Freundin ist krank. Hast du Lust? Kommst du mit?

5 Andere einladen
- Ich mache am Samstag eine Party. Habt ihr Lust? Zeit?

6 Nett zu Lehrern sein – Interesse zeigen
- Wie geht es Ihnen?
- Waren Sie beim Frisör?
- Schönes Auto, Herr Schmidt!

8 Komplimente/Vorschläge / gute Wünsche

a Lest die Aussagen. Welche passen zu welchem Tipp in Aufgabe 7?

b Schreibt Antworten wie im Beispiel.

1. Deine Frisur gefällt mir! (+) … (–) …
2. Eine Zwei in Mathe? Toll! (+) … (–) …
3. Ich habe die Lösung. Es ist ganz einfach, willst du mal sehen? (+) … (–) …
4. Meine Familie fährt morgen nach Jena. Kommst du mit? (+) … (–) …
5. Super Discman! War der teuer? (+) … (–) …
6. Viel Glück beim Zahnarzt! (+) … (–) …
7. Willst du meine Tafel Schokolade? Ich mache gerade eine Diät. (+) … (–) …
8. Ist der Pullover neu? Der sieht echt gut aus. (+) … (–) …

1. (+) Danke, ich war gestern beim Frisör. / (–) Die hab ich schon immer.

Personalpronomen und Verben mit Dativ

9 Nominativ – Akkusativ – Dativ

a Nominativ und Akkusativ – Sammelt an der Tafel.

Nominativ	Akkusativ	Dativ
ich	mich	...
du	...	

b Dativ – Ergänzt die Liste an der Tafel. Die Texte in den Aufgaben 1–8 helfen.

mir – ihm – dir – ihnen – euch – ihr – uns – Ihnen

10 Verben mit Dativ

Sucht vier Beispiele auf Seite 6–8.

Er hilft mir immer.

helfen

Lerne die Verben mit Dativ. Schreibe Lernkarten. Lerntipp

Die Pizza schmeckt [?] nicht.

mir

11 Sätze mit Dativ – Ergänzt die Personalpronomen.

1. Ich habe eine Eins in Mathe, aber mein Vater glaubt ... nicht.
2. Peter mag Anna. Er schreibt ... jeden Tag einen Brief. Aber Anna antwortet ... nie.
3. Gefällt ... unsere Musik? Wir sind die Clique und spielen hier jeden Samstag.
4. Eure Musik gefällt ... gut. Wir kommen wieder!
5. ● Hallo, Herr Schmidt, kann ich ... helfen? ○ Ja, danke, ich suche meine Tasche.
6. Lieber Otto, danke für die E-Mail, ich antworte ... morgen.
7. Ich schenke ... den Comic. Den musst du unbedingt lesen.

12 Fragen und Antworten – Schreibt Minidialoge und spielt sie vor.

1. Wie gefällt ...? 2. Schmeckt ...? 3. Gehört ...? 4. Wie geht ...? 5. Könnt ...? 6. Schreibst ...? 7. Hilfst ... 8. ...

Wie gefällt dir Herr Schmidt?

Der ist o.k. Das ist unser bester Lehrer.

Neu in der Klasse

13 Gespräch über Anna – Hört zu. Gibt es das auch bei euch?

a Express: Sind Sandra, Chrissi und Petra Freundinnen von Anna?

b Schnüffel: Lest die Sätze 1–6 und hört den Text in Abschnitten. Was kommt im Dialog vor: a) oder b)?

1. a) Anna passt nicht zu den anderen. b) Anna passt zu den anderen.
2. a) Anna erzählt viel. b) Anna erzählt nicht viel.
3. a) Annas alte Schule war nicht so gut. b) Annas alte Schule war besser.
4. a) Anna hat schöne Klamotten. b) Anna hat schreckliche Klamotten.
5. a) Anna ist gut in der Schule. b) Anna ist nicht gut in der Schule.
6. a) Anna ist nicht hilfsbereit. b) Anna hilft immer.

14 Auf dem Schulhof – Lest den Text und spielt die Szene.

Sandra, Chrissi und Petra unterhalten sich auf dem Schulhof.

Sandra: Hey. Wie findet ihr die Neue?
Chrissi: Anna? Ich weiß nicht. Die ist komisch.
Petra: Genau. Ich finde, die passt nicht zu uns.
Sandra: Frau Johnen sagt, dass sie aus Jena kommt.
Petra: Ist mir doch egal. Sie erzählt uns nichts. Sitzt immer nur da und beobachtet uns.
Chrissi: Findet ihr sie nicht auch arrogant?
Petra: Genau! Zu mir hat sie gesagt, dass ihre alte Schule viel besser war und dass sie da viel mehr Freunde hatte.
Chrissi: Und die Klamotten!
Sandra: Aber sie ist ziemlich gut in der Schule, überall Einsen und Zweien.
Petra: Streberin.
Sandra Ich glaube, sie findet uns blöd.
Chrissi: Wir sind wohl nicht gut genug für sie, oder was?
Petra: Also ich finde, dass sie ziemlich blöd ist.
Sandra: Stimmt. Sie gibt uns nie ihre Hausaufgaben und sie hilft uns nie.
Petra: Streberin! Sag ich doch!
Sandra: Achtung, da kommt sie.
Alle: Hallo, Annaaaa, wie geeeeht's?

Nebensätze mit *dass*

15 **Im Gespräch über Anna findet ihr viele *dass*-Sätze. Wie heißt die Regel?**

In Nebensätzen mit *dass* steht das Verb am … vom Satz.

16 **Informationen weitergeben – Wer sagt was über Anna? Schreibt Aussagen wie im Beispiel. Markiert das Verb.**

- Sie erzählt nichts.
- Sie hilft uns nie.
- Sie passt nicht zu uns.
- Sie ist gut in der Schule.
- Sie ist komisch/blöd/arrogant.
- Sie kommt!

… sagt
… erzählt
… findet
… glaubt
… meint

, dass … ( ).

Sandra sagt, dass Anna nie (hilft).

17 **Eine Meinung äußern – Und was meint ihr zu dem Problem?**

Ich glaube, dass alles besser wird.

Ich glaube, dass das normal ist.

Ich finde …

18 **Berichten – Was hat er gesagt?**

19 **Leserbrief 2 – Was war der gute Tipp? Diskutiert in der Klasse.**

Liebe Christine,
danke für deinen Tipp. Ich glaube, es funktioniert. Es geht mir jetzt viel besser und ich habe sogar einen Freund, Peter. Nur die anderen Mädchen sind noch ein Problem, aber in der nächsten Woche probiere ich auch die anderen Tipps aus.

20 **Mein Freund Rudi – Hört zu. Vergleicht mit der Zeichnung und beschreibt Rudi.**

Die Reise nach Wien – Wiener Impressionen

Die Jugendabteilung des „TV Göttingen“ will in den Herbstferien eine Gruppenfahrt machen. Fünf Tage Ende September. Die Jugendlichen diskutieren über das Ziel. Sie sammeln Prospekte und informieren sich im Internet. Wohin können sie fahren? Nach Rügen an die Ostsee? Nach Österreich in die Berge? Oder in eine Stadt, nach Wien? Am Ende möchten die meisten nach Wien. Sie wollen mit dem Zug fahren.

Sabrinas Tagebuch (1)

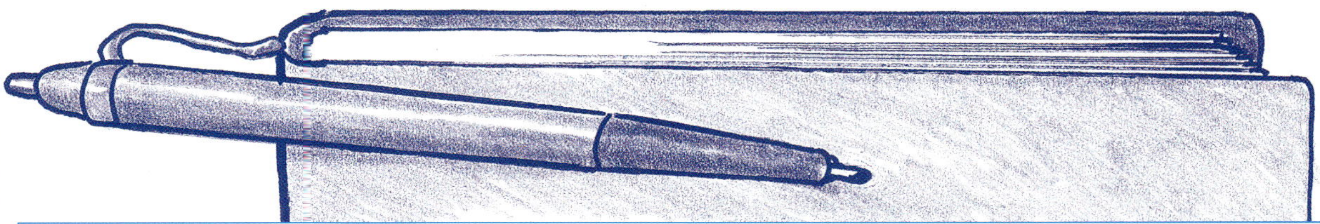

25.–26. September

Um halb zwölf geht es endlich los. Wir waren alle pünktlich um elf am Bahnhof. Herr Marquart, der Gruppenleiter, hat unsere Personalausweise kontrolliert. Stefans Ausweis war weg! Nach zehn Minuten findet er ihn unten im Koffer zwischen seinen Strümpfen. Stefan ist echt nett, aber Voll-Chaot!! Die Zugfahrt war super. Eine Party!!! Niemand hat gepennt, nur Herr Marquart. Um 9 Uhr morgens waren wir in Wien. Alle waren fix und fertig. Nur Herr Marquart nicht!!! Nachmittags haben wir einen Spaziergang gemacht. Die Donau ist nicht weit vom Jugendgästehaus. Über die Brücke auf die Donauinsel.

Mareike geht mit Stefan natürlich ganz nah ans Wasser. Da kommt plötzlich eine Welle. Mareike springt zurück, aber Stefans Schuhe und Strümpfe sind total nass. Mareike lacht, aber Stefan ärgert sich: „Mist! Das ist saukalt. Ich muss ins Gästehaus.“ Wir gehen zusammen zurück. Er ist so süß! Leider mag er mich nicht. Er mag Mareike. Schade!

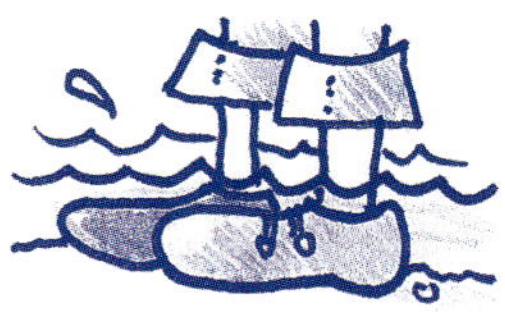

Das Programm

25. 9.		15.00	frei
23.25	Abfahrt Göttingen, Nachtexpress nach Wien-Westbahnhof	18.00	Treffen am Rathaus
26. 9.	**1. Tag**	**28. 9.**	**3. Tag**
8.55	Ankunft in Wien Fahrt zum Jugendgästehaus Brigittenau Friedrich-Engels-Platz 24.	9.00	Museen: Kunsthistorisches Museum oder Naturhistorisches Museum
		12.00	Bummeln im Zentrum
nachmittags:	Ausruhen, Spaziergang an der Donau	nachmittags:	Prater und Riesenrad
		29. 9.	**4. Tag**
abends:	Informationen über Wien	vormittags:	Hofburg, Stadtbummel: Kärntnerstraße, Graben
27. 9.	**2. Tag**		
9.00	Stadtrundfahrt (Abfahrt: Staatsoper): Ringstraße, Hofburg, Donau	nachmittags:	frei (Einkaufen)
		19.10	Westbahnhof: Rückreise

1 Stimmt das oder nicht?

a Lest die Aussagen 1–5.

1. Die Reise beginnt am 26. September um 10 Uhr.
2. Vom Jugendgästehaus ist man schnell an der Donau.
3. Stefan findet seinen Ausweis im Koffer.
4. Die Zugfahrt war langweilig.
5. Man kann in der Donau nicht schwimmen. Das Wasser ist zu kalt.

Das stimmt nicht. Die Reise ...

Das stimmt.

b Hört die Aussagen 6–10.

4

2 Lest das Programm und seht die Fotos an. Was findet ihr auf dem Stadtplan?

Orientierung in der Stadt

3 Wortakzent – Schreibt die Wörter, hört zu und markiert die Vokale: kurz • oder lang – .

der Platz – die Straße – die Gasse – der Ring – der Weg – der Dom – die Kirche – die Akademie – das Museum – das Theater – die Universität

4 Lest den Text und hört den Dialog. Sucht den Weg auf dem Stadtplan.

Am dritten Tag macht die Gruppe die Stadtrundfahrt. Sie fahren zum Rathaus und zur Hofburg und sie gehen in den Stephansdom. Der Nachmittag ist frei. Mareike findet in einer Konditorei „Mozartkugeln". Sie geht hinein und kauft zwei Packungen. Eine ist für Stefan. Hm, sind die süß! Ach du Schreck! Es ist schon zehn vor sechs. Um sechs müssen alle am Rathaus sein. Aber wo ist das Rathaus?

- ● Entschuldigung, können Sie mir helfen? Wie komme ich zum Rathaus?
- ○ Tut mir Leid, keine Ahnung, ich bin auch Tourist.
- …
- ▶ Du gehst am besten hier über den Michaelerplatz und gleich rechts in die Herrengasse. Dann geradeaus bis zur Bankgasse, das ist die dritte Straße links. Dann gehst du immer geradeaus, am Burgtheater vorbei und durch den Rathauspark.
  Dann siehst du das Rathaus.
- ● Danke, also zuerst geradeaus und dann die dritte Straße rechts … äh …
- ▶ Nein, die erste rechts, dann geradeaus, dann links …
- ● Vielen Dank!

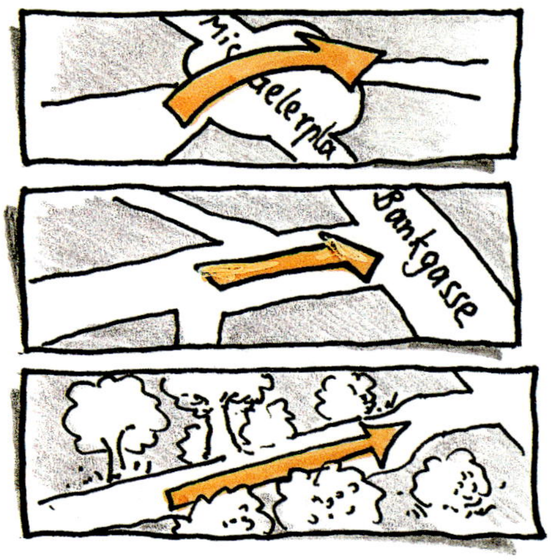

5 Übt den Dialog. Lest dann die Geschichte weiter.

Um 20 vor sieben ist Mareike am Rathaus. Die Gruppe wartet seit 40 Minuten. Alle sind sauer. „Tut mir Leid, Leute", entschuldigt sich Mareike. „Ist schon gut", sagt Herr Marquart. Sie gehen dann zusammen zur Haltestelle und fahren zurück. Mareike geht neben Stefan und schenkt ihm die Mozartkugeln. Aber Stefan mag sie nicht. „Igitt!", sagt er „Die sind mir zu süß"!

6 Lernplakat: Orientierung – Sammelt wichtige Wörter. Macht einen „Vokabelstadtplan".

über die Brücke / den Fluss – zum Bahnhof / am Bahnhof– an der Kreuzung / über die Kreuzung – durch den Park / im Park – über den Platz / auf dem Platz

Stadtplan: Klasse 9a, Scuola Media Bedigliora, Lugano, Tessin

7 Ich suche die Beethovenstraße – Welche Wegbeschreibung passt nicht?

1

„Gehen Sie zuerst geradeaus an der Kirche vorbei bis zur Ampel, an der Ampel rechts und dann geradeaus. Die zweite links ist die Beethovenstraße."

2

„An der zweiten Kreuzung rechts, dann geradeaus über den Platz, und dann die zweite Straße rechts. Das ist die Beethovenstraße."

3

„Geh zuerst hier geradeaus, an der zweiten Kreuzung rechts, dann geradeaus über den Platz und danach die erste Straße links."

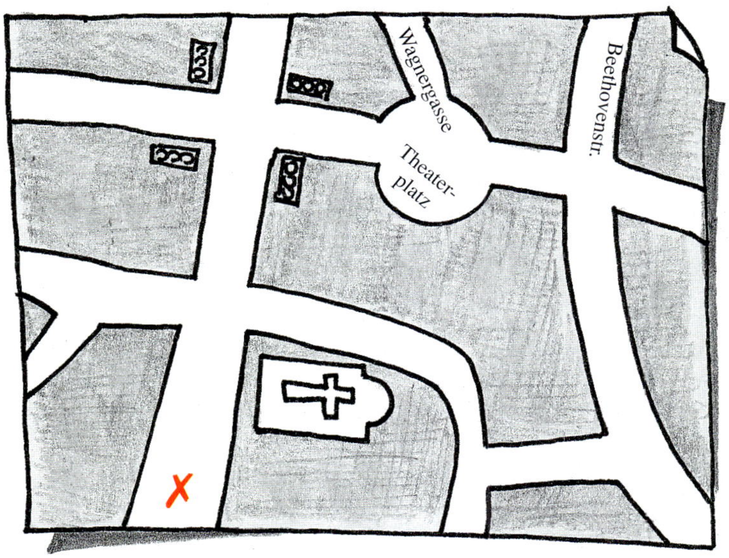

8 Zwei Wegbeschreibungen – Hört zu. Welche passt zum Plan in Aufgabe 7?

9 Wege beschreiben in der Klasse – Macht Skizzen wie in 7 für eine andere Gruppe. Die Gruppe spielt den Dialog.

Wohin?

10 Verben und Präpositionen – Vergleicht die Beispiele. Ergänzt die Tabelle.

		gehen	fahren	laufen	***Wohin? + Akkusativ***
der Prater	Stefan	geht			**in den** Prater.
das Kino					**ins** Kino.
die Kirche					**in die** Kirche.
der Marktplatz	Der Bus	fährt			**über** …
die Brücke		…			**über** …
der Park		…			**durch** …
das Dorf		…			
die Altstadt					
der Rhein	Familie Schröder	fährt			**an** den Rhein.
das Meer		…			
die Nordsee		…			

⚠ Zu und an … vorbei immer mit Dativ.

Mareike geht/fährt/läuft **zum** Bahnhof/Rathaus / **zur** Kirche.
Mareike geht/fährt/läuft **am** Bahnhof/Rathaus / **an der** Kirche **vorbei**.

11 Dialoge – Hört zu und ergänzt dann die Präpositionen.

8

an – durch – über – in – in – über – über – zum – zum – zum – zur

● Entschuldigung, wie komme ich [1] Bahnhof?
○ [2] Westbahnhof? Das ist ganz einfach. Zuerst gehst du [3] den Park, dann [4] eine Brücke und [5] den Marktplatz. Danach einfach geradeaus.

● Entschuldigen Sie, wie komme ich [6] Altstadtbrücke?
○ Moment, gehen Sie hier geradeaus. Das ist die Korngasse. [7] der Korngasse gehen Sie dann [8] der zweiten Ampel rechts, dann [9] den Karlsplatz [10] Rathaus. Sie sind jetzt [11] der Altstadt und sehen die Brücke rechts.

12 Stefans Oma hat Geburtstag. Schreibt den Text.

Stefans Oma hat am Wochenende Geburtstag. Stefan geht (Marktplatz)	über
bis (Bahnhof) und kauft Blumen. Dann fährt er mit dem Zug (Rhein).	zu – an
Das dauert 20 Minuten. Seine Oma wohnt in Boppard.	
Er läuft vom Bahnhof (Stadt) (Oma). Seine Oma freut sich über den Besuch.	durch – zu

13 Wo/Wohin – Was passt gut zusammen? Schreibt Beispielsätze.

über den Platz
auf dem Platz
an der Ampel
durch den Park
auf der Bank
in der Stadt
in die Stadt

laufen – stehen – gehen – fahren – sitzen – sein

Turba läuft über den Platz. Der Bus fährt …

14 Eine Wochenendreise nach Hamburg – Erinnert ihr euch? Ergänzt den Text mit den passenden Verben.

ankommen – besuchen – fahren – liegen – machen – sein – fahren

Familie Schröder [1] nach Hamburg. Um 18 Uhr [2] sie in der Jugendherberge [2]. Die Jugendherberge [3] am Hafen. Am ersten Tag [4] sie einen Flohmarkt. Am Abend [5] sie im Theater. Am zweiten Tag [6] sie eine Rundfahrt durch den Hafen und [7] wieder nach Hause.

15 Touristen in eurer Stadt – Ein Rollenspiel.

1. Was suchen Fremde?
   Notiert interessante Orte in eurer Stadt.
2. Wie fragen sie nach dem Weg?
   Notiert Fragen und bereitet die Antworten vor.
3. Spielt die Dialoge.

16 Lest den Tagebuchauszug. Wie geht die Geschichte weiter?

Sabrinas Tagebuch (2)

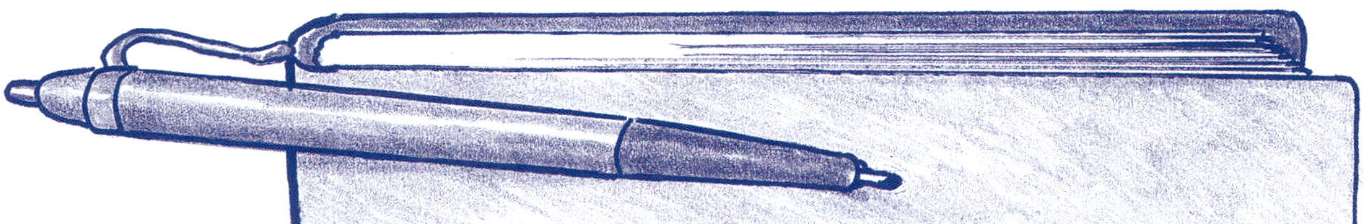

27. September

Ein super Tag war das heute. Zehn Stunden Wien total. Vier Stunden Stadtrundfahrt. Das Wetter war fantastisch. Wir haben jetzt tausend Wien-Fotos: vor der Staatsoper, hinter der Oper, neben dem Stephansdom, auf dem Stephansdom, vor dem Burgtheater, im Burgtheater und so weiter ... Abends um sechs waren alle am Rathaus. Wir waren fix und fertig – und sauer. Mareike war nicht da. Typisch! Sie kommt immer zu spät. Wir haben dann ein Foto gemacht: Stefan und ich zusammen ...

Die Reise nach Wien – Mareike ist sauer

1 Stefan, Sabrina und Mareike – Was weißt du noch über die drei?

... mag Mozartkugeln.
... mag Mareike.
... waren am Rathaus.
... ist süß.
... hatte nasse Füße.
... kommt immer zu spät.
... schreibt Tagebuch.
... ist chaotisch.

2 Sabrinas Postkarte – Welche Informationen sind neu?

Wien, 28. 9.

Liebe Corinna,

Wien ist toll. Gestern waren wir im Zentrum und heute im Prater. Das Riesenrad ist fantastisch. Der Blick auf Wien ist super. Wir haben viele Fotos gemacht. Stefan ist ganz süß. Morgen wollen wir zwei noch zum Flohmarkt in der Neubaugasse. Das ist der beste Flohmarkt in Österreich.

Liebe Grüße
Sabrina

Corinna Spors

Blumenbachstr. 56

D-37075 Göttingen
DEUTSCHLAND

3 Drei Tage in Wien – Was haben die Jugendlichen gemacht? Ergänzt den Text.

ersten – Museum – haben – Spaß – Spaziergang – Tag – eingekauft – Zug

Zuerst waren sie eine ganze Nacht im [1]. Sie haben viel [2] gehabt. Am [3] Tag haben sie das Jugendgästehaus gesucht und einen [4] gemacht. Am zweiten [5] haben sie eine Stadtrundfahrt gemacht und viel fotografiert. Am dritten Tag haben sie ein [6] besucht. Danach [7] sie im Zentrum [8].

4 Lest den Tagebuchtext und Seite 12/13 noch einmal. Wo waren die Jugendlichen?

Sie waren im Jugendgästehaus. Sie waren im / am / an der ...

Sabrinas Tagebuch (3)

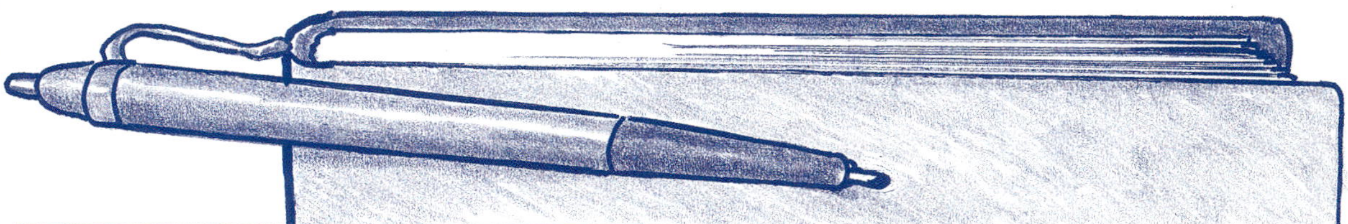

29. September

Am Vormittag waren wir in der Hofburg. Das hat zwei Stunden gedauert. Dann haben wir einen Bummel durch die Stadt gemacht. Es hat geregnet, aber es war besser als die Hofburg. Wir haben viel Spaß gehabt und ein bisschen eingekauft. Später haben wir im Fotoladen die Fotos abgeholt und uns in ein Café gesetzt. Mareike hat sich die Fotos angeschaut. Stefan und ich zusammen ...

5 **Warum ärgert sich Mareike?**

Sie findet ...

Sie mag ...

Das Foto ...

6 **Stefans Postkarte an seine Eltern – Schreibt die Karte. Sabrinas Karte hilft. Verwendet auch Informationen von Seite 12/13.**

Lieber Papa, liebe Mama,
heute waren ...

Über Vergangenheit sprechen – Perfekt (1)

7 S-O-S – Grammatik systematisch

1. Schritt: Sammeln

Auf S. 18 und 19 findest du neue Verbformen. Notiere sie.

... haben die Fotos abgeholt.
... haben viel Spaß gehabt und viel fotografiert.

Diese Verbform heißt Partizip.

Partizip	Infinitiv
gehabt	haben
abgeholt	abholen
fotografiert	fotografieren

2. Schritt: Ordnen

gehab**t** — ab**ge**hol**t** — fotografier**t**

Lerntipps

- **Regelmäßige Verben tun nicht weh, vorne *ge-* und hinten *-t*.**
- **Bei Verben mit *-ieren* kann nichts passieren, ohne *ge-* und hinten *-t*.**

9

3. Schritt: Systematisieren

a) Hört zu und schreibt die Sätze mit.
b) Markiert das Perfekt im Satz.
c) Was weißt du jetzt über das Perfekt?
   1. Man bildet das Perfekt mit dem Partizip und mit ...?
   2. Das Partizip steht ...

Sie (haben) die Fotos (abgeholt).

8 Das Perfekt üben – Was habt ihr im Unterricht schon gemacht?

Informationen	Fotos	sammeln	machen
Wörter	Prospekte	suchen	anschauen
Interviews	Zeitungen	planen	hören
Texte		ordnen	notieren

Wir haben Prospekte gesammelt.

9 Cora hat in Madrid gelebt. Sie erzählt. – Setzt die richtigen Verben ein.

arbeiten – studieren – leben – haben – lernen – wohnen

1. Meine Eltern haben zwei Jahre in Spanien ...
2. Wir haben in El Escorial bei Madrid ...
3. Mein Vater hat in Madrid als Ingenieur ...
4. Ich habe Spanisch und Gitarre ...
5. Meine Schwester hat an der Universität ...
6. Es war toll. Ich habe viele Freundinnen ...

10 Eine „Biografie" schreiben – Verwendet die Verben aus Aufgabe 9.

Mareike ist weg

11 Was ist bis jetzt passiert? Wer findet die Antworten am schnellsten?

1. Was hat die Gruppe am ersten Tag gemacht?
2. Wo haben sie am meisten Spaß gehabt?
3. Wo haben sie die meisten Fotos gemacht?
4. Wo hat Sabrina Tagebuch geschrieben?

a) Vor dem Stephansdom und am Rathaus.
b) Einen Spaziergang.
c) Im Park.
d) Im Prater.

12 Fragen ohne Antworten – Wer hat Ideen?

13 Lest den Text. Auf welche Frage aus Aufgabe 12 gibt er eine Antwort?

29. September. 18 Uhr im Jugendgästehaus. Der Zug geht in einer Stunde, aber sie ist noch nicht gekommen. Niemand weiß, wo sie ist. Herr Marquart sagt, dass er Mareike am Mittag noch gesehen hat. Sie hat mit zwei spanischen Jugendlichen im Jugendhotel in der Cafeteria Kaffee getrunken und eine Semmel gegessen. Stefan hat eine Idee. „Wo sind ihre Sachen? Ihre Tasche? Hat sie gepackt?“ Er fragt an der Rezeption. Ja, Mareike war um drei hier. Sie hat den Schlüssel zurückgebracht, hat ihre Tasche mitgenommen und ist dann weggegangen. Sie hat gesagt, dass sie spazieren geht. 19 Uhr. Der Zug ist praktisch abgefahren. So ein Mist. Marquart hat telefoniert und hat dann gerufen: „Ruhe, Leute. Es gibt noch einen Zug um 20 Uhr 21. Es sind auch noch Plätze frei gewesen. Aber wir müssen umsteigen. Hoffentlich kommt sie noch. Ich habe die Plätze mal reserviert. Aber ich glaube, wir müssen die Polizei anrufen.“ Da hat Stefan eine Idee. „Ich glaube, ich weiß, wo sie ist.“

14 Wie geht die Geschichte weiter?

Über Vergangenheit sprechen – Perfekt (2)

15 S-O-S – Grammatik systematisch
Seht euch noch mal S. 20 an und arbeitet hier genauso.

1. Schritt: Sammeln

Auf Seite 21 findet ihr neue Perfektformen. Hier sind die Verben:

kommen – trinken – mitnehmen – weggehen – anrufen – rufen – sein – schreiben – abfahren – reservieren – sehen – vergessen – zurückbringen

Sammelt Verben und Beispielsätze gemeinsam an der Tafel.

Infinitiv	Partizip	Beispiel
trinken	getrunken	Sie haben Tee getrunken.
anrufen		
sehen		
vergessen		

2. Schritt: Ordnen

ge...-t ge...-en	...ge...-t ...ge...-en	ohne ge
ge-dach-t	zurück-ge-brach-t	vergessen
ge-nomm-en	an-ge-ruf-en	

3. Schritt: Systematisieren

Vergleicht die Partizipien von *lernen, leben, studieren* und *nehmen, denken, sehen*. Was ist anders?

16 Lest die Beispiele. Wie heißt die Regel?

Stefan und Sabrina	**haben**	Kaffee	getrunken.
Mareike	**ist**		weggelaufen.

Das Perfekt bildet man mit … oder mit … und mit dem Partizip.

– Die meisten Verben:	Perfekt mit *haben*	hat … gekauft / hat … fotografiert
– Verben mit Bewegung:	Perfekt mit *sein*	ist … gefahren / ist … gegangen
– *sein, bleiben, passieren*:	Perfekt mit *sein*	ist … gewesen / ist … geblieben

Was ist nur gewesen?
Was ist nur mit uns passiert?
Zuerst ist er gekommen.
Dann bin ich gegangen.
Und du bist bei ihm geblieben.

Lerntipp Lerne die Verben mit *sein* extra.

Erzählen üben

17 **So hat Corinna den Tag angefangen. Findet die Partizipien und ergänzt die Sätze.**

aufstehen – essen – trinken – duschen – gehen – fahren – frühstücken – laufen – packen

1. Sie … um 6 Uhr 30 …
2. Dann … sie …
3. Danach … sie …
4. Sie … Kaffee … und ein Brötchen …
5. Dann … sie ihre Tasche … und ist aus dem Haus … und zum Bus …
6. Sie … mit dem Bus in die Schule …

Sie ist um 6 Uhr 30 aufgestanden. Dann hat …

18 **Was haben die Jugendlichen in den Ferien gemacht? Hört zu und notiert die Aktivitäten. Wer findet die meisten?**

19 **Ein furchtbarer Schultag – Erzählt die Geschichte. Die Stichwörter helfen.**

Englischarbeit geschrieben → nicht geübt →
Aufgaben schwer gewesen → nur eine Stunde Zeit gehabt →
Vokabeln nicht gekonnt → Spickzettel verloren →
Idee gehabt → SMS an Martin geschrieben →
Lehrerin gesehen → das Handy weggenommen …

Gestern haben wir eine Englischarbeit geschrieben. Aber ich …

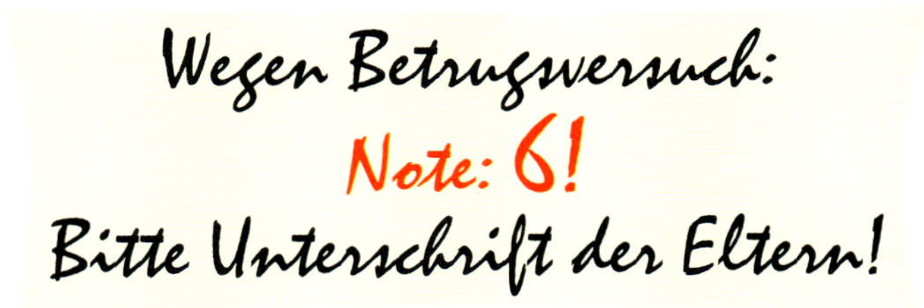

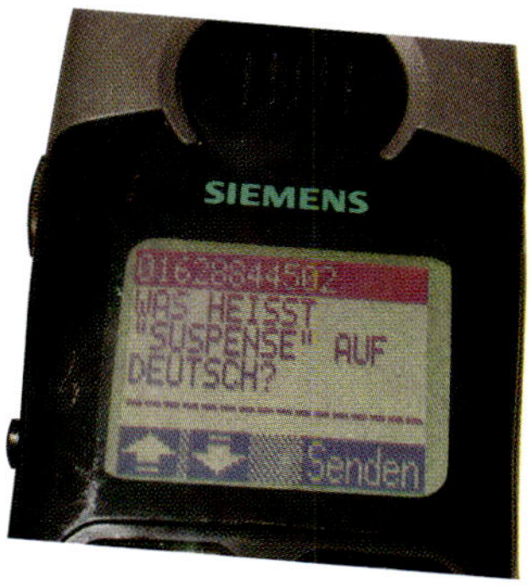

20 **Das Ende der Wienreise**

a Hier sind zwei Möglichkeiten. Lest A und B.

A

Im Jugendgästehaus hat Mareike Miguel und Jaime aus Spanien getroffen. Jaime hat sie gefragt: „Wir fahren zum Prater, kommst du mit?" Mareike war begeistert. „Ich war schon da, ich kann euch alles zeigen", hat sie gesagt. Das Riesenrad und Jaime haben ihr echt gut gefallen. Sie hat die Zeit vergessen. Um sechs hat sie einen Bus genommen, aber der ist in die falsche Richtung gefahren. Kurz vor sieben war sie im Westbahnhof und hat die Gruppe gesucht. Aber niemand war da. Sie hat im Jugendhotel angerufen. Stefan war am Telefon: „Gut, dass nichts passiert ist. Die Spanier sind gerade zurückgekommen und haben gesagt, dass du am Westbahnhof bist. Wir sind gleich da."

B

Mareike war sauer. Sie ist zurück zum Hotel gelaufen und hat gepackt. Dann ist sie zwei Stunden ohne Ziel durch die Stadt gelaufen. Am Ende war sie wieder auf der Donauinsel. Sie hat sich auf eine Bank gesetzt und nachgedacht. Die Reise war wirklich klasse. Aber Stefan war jetzt mit Sabrina zusammen und sie war allein. Dann hat sie die Strümpfe ausgezogen und hat die Füße ins Wasser gehalten. Es war saukalt, wie am ersten Tag. Plötzlich ist Stefan gekommen: „Mareike, was machst du da? Wir haben auf dich gewartet. Den ersten Zug haben wir verpasst, aber wir haben noch einen. Komm schnell." Sie war froh und beide sind zusammen zurückgerannt.

b Welche gefällt euch? Oder habt ihr eine ganz andere Idee?

Medien

1 So ein Mist – Seht das Bild an und sprecht darüber: *wer, wo, was?*

11

2 Hört zu. Was ist passiert?

3 Tom oder Sandra – Wer sagt was? Hört noch einmal und ordnet die Aussagen zu.

1. ... findet, dass das Programm blöd ist.
2. ... findet, dass Kartenspielen besser ist als Fernsehen.
3. ... sagt, dass er/sie Freunde wichtiger findet.
4. ... sagt, dass er/sie nicht gern fernsieht.

Tom sagt, dass er ...

4 Und was denkt ihr? Schreibt Sätze wie im Beispiel und lest vor.

Ich sehe gerne Spielfilme.
Mein Lieblingsprogramm ist „MTV".
Nachrichten finde ich langweilig.
...

Stimmt.
Das finde ich nicht.
Das finde ich auch
Stimmt nicht.
Ich auch!
Ich sehe gerne Krimis.

5 Medien, Medien – Was kennt ihr? Sammelt Wörter und macht ein Lernplakat.

6 **Die Reise nach No-Media – Hier ist nur ein Medium pro Person erlaubt.**

a Was nehmt ihr mit? Wählt je ein Medium aus.

b Etwas begründen – Sammelt Argumente und begründet eure Auswahl in a.

Ich nehme ein Radio mit. Dann habe ich Musik und Informationen.

Ich brauche einen Computer mit Internet. Dann habe ich ...

Ich mache keine Reise ohne ...

Ich finde, dass Bücher sehr wichtig sind. Lesen kann ich überall.

7 **Vor- und Nachteile nennen mit *aber* – Ordnet zu.**

1. Computerspiele machen Spaß,	a) aber manchmal zu dick.
2. Zeitungen sind billig,	b) aber sie sind teuer.
3. Ich sehe gerne lange fern,	c) aber sie kosten viel Zeit.
4. Bücher sind oft spannend,	d) aber ich lese nicht gern.
5. Ich höre gerne CDs,	e) aber meine Eltern sind dagegen.
…	…

Computerspiele machen Spaß, aber sie kosten viel Zeit.

Zeitungsnotizen verstehen

8 Lesestrategien üben

a Vor dem Lesen – Lest die Sätze 1–8.

1. Viele Deutsche finden Handys praktisch.
2. Bücher aktivieren die Fantasie.
3. Harry Potter hat viele Fans in Deutschland.
4. 50 % der deutschen Schüler haben ein Handy.
5. Viele Jugendliche in Deutschland lesen gerne.
6. Bücher und Computer sind populär.
7. Telefone sind modern.
8. Mit Handys verdient die Industrie viel Geld.

b Lest die Texte A und B. Zu welchen passen die Sätze 1–8?

A

Im Bus, auf der Straße und auf dem Schulhof. Überall hört man ein „piep, piep" oder elektronische Melodien aus Pop und Klassik. In ganz Deutschland klingeln die Schüler-Handys. Bereits jeder zweite Schüler hat ein mobiles Telefon, Tendenz steigend. Handys machen Spaß, sagen die Schüler. Man kann Freunde schnell anrufen oder eine SMS mit lustigen Symbolen schicken. „Meine Eltern haben mir ein Handy zu Weihnachten geschenkt. Sie können mich immer erreichen. Ich finde das sehr praktisch", sagt Nadine (12) aus Bonn. Der Trend zeigt, dass immer mehr Mädchen ein Handy haben. „Ist doch klar. Die quatschen mehr als die Jungen und die Technik wird auch immer einfacher", erklärt Carsten aus der Klasse 8b. Für die Industrie sind die Schüler ein wichtiger Markt. Bisher haben sie ca. 700 Mio. Euro für Handys ausgegeben und der Handy-Boom geht weiter.

B

Wir leben in einer High-Tech-Zeit mit Computer, Satellitenfernsehen und Mobilfunk. Hat das Buch da noch eine Chance? Experten sagen: Ja, das Buch ist immer noch wichtig. Bei Jugendlichen ist der Computer zwar sehr populär, aber Bücher kann er nicht ersetzen. Bücher sind nicht so teuer wie PCs, man kann sie leicht transportieren und überall lesen. Heute gibt es viele spezielle Büchereien mit Literatur für Jugendliche.
„Geschichten lesen ist super. Ich lese und bin in einer anderen Welt. Ich sehe die Figuren und die Orte ganz genau. Das finde ich besser als bei Filmen. Da ist alles schon fertig", sagt Melanie vom Lese-Club „Die Leseratten" aus Köln. Und was sind die Bestseller? Harry Potter und seine Abenteuer sind klar die Nummer 1. Aber auch die Bücher von Michael Ende oder Astrid Lindgren sind bei den Bücherwürmern immer noch so beliebt wie früher.

c Informationen prüfen – Was steht in Text A oder B und was nicht?

1. Handys sind in Deutschland sehr populär.
2. Die Eltern sind gegen Handys.
3. Alle Jugendlichen mögen Bücher.
4. Der Computer ersetzt die Bücher.
5. Handys sind sehr teuer.
6. Jungen telefonieren mehr als Mädchen.
7. In Deutschland gibt es Lese-Clubs.
8. Jugendliche lesen am liebsten „Harry Potter".
9. Schüler geben viel Geld fürs Telefonieren aus.

Vergleiche

9 *Größer, kleiner …?* – Vergleicht.

Ein Telefon ist … als ein Handy. Ein Handy ist …
Ein Computer ist … als ein Notebook. Ein Notebook ist …
Eine E-Mail ist … als ein Brief. Ein Brief ist …

schneller ↔ langsamer   größer ↔ kleiner   schwerer ↔ leichter   länger ↔ kürzer

10 Komparativ – Macht eine Liste und ergänzt die Formen aus Aufgabe 9.

		Komparativ			Komparativ
schnell	→	schnell**er**	groß	→	größer
klein	→	klein**er**	lang	→	…
…	→	**-er**	a	→	**ä** + **-er**
			u	→	**ü** + **-er**
			o	→	**ö** + **-er**
Biene ist kleiner als Cora.			Rudi ist größer als Turbo.		

Diese Wörter musst du extra lernen:

gern → lieber   viel → mehr
gut → besser   hoch → höher

viel

mehr

11 Vergleiche – Lest die Beispiele und ergänzt die Regeln a) und b).

1. Britta ist kleiner als ich.
2. Ich laufe nicht so schnell wie du.
3. Wir finden Kino schöner als Fernsehen.

a) *(nicht/genau)so* + Adjektiv + …

4. Liest du Comics genauso gern wie Bücher?
5. Ich finde Katzen nicht so schön wie Hunde.
6. Dennis mag Physik lieber als Bio.

b) Komparativ + …

12 Vergleichen

a Schreibt Sätze mit *als* und *genauso … wie*.

Elefanten sind …	groß	Pizza
Hamburger schmecken …	langweilig	Comics
Krimis sind …	gut	Porsche
Erika singt …	schlecht	Sommer
Katzen …	schön	mein Biolehrer
Ein Ferrari ist …	interessant	Hunde
Fernsehen …	spannend	Radio
…	…	…

Ratten sind genauso intelligent wie Hunde. Vielleicht sogar intelligenter!!

b Vergleicht in der Klasse.

Unsere Lehrerin ist … als …

13 Stimmt das? – Lest die Aussagen.

1. Computer sind heute viel billiger als früher.
2. Die Menschen sehen heute weniger fern als früher.
3. Jungen telefonieren mehr und länger als Mädchen.
4. Musikkassetten sind billiger als CDs.
5. Das Internet liefert schneller Informationen als Zeitungen.
6. Telefonieren ist heute teurer als früher.

Computer sind heute größer als früher.

Stimmt nicht. Computer sind kleiner als früher.

Medien früher und heute

12

14 Ein Interview mit Peter Kunzler

a Hört und lest den Text. Notiert:

Was gab es vor 30 Jahren?	Was gab es nicht?
Telefon	

Vor 30 Jahren war alles anders: Telefon, Fernseher usw. Als ich zwölf war, hatte ich z. B. kein Handy. Nur meine Eltern hatten ein Telefon. Wir Kinder durften nicht so lange sprechen. Telefonieren war viel teurer als heute. Meine Eltern hatten einen Fernseher. Ich wollte immer gerne die Filme am Abend sehen. Aber ich durfte nicht. Wir hatten auch weniger Programme als heute: nur drei. Musik hören war zu Hause immer ein Problem. Ich konnte Musik nie laut hören, immer mussten wir leise sein. Manchmal durften wir auch ins Kino gehen. Das war toll! Wir hatten keinen Computer und kein Internet. Wir hatten Bücher und Comics. Wir konnten keine E-Mails schreiben, aber Briefe. In unserer Klasse hatten viele einen Brieffreund oder eine Brieffreundin. Einmal durfte ich sogar meinen Brieffreund Jack in London besuchen. Wir haben heute noch Kontakt.

b Was steht im Text? Ergänzt die Sätze.

Peter hatte kein … und keinen … Aber er konnte … schreiben.
Telefonieren war viel … als heute. Laute Musik hören war ein … Die Kinder mussten … sein. Peter wollte gerne … aber er durfte nicht. Manchmal durften sie ins … gehen.

Präteritum der Modalverben

15 In Aufgabe 14 sind neue Verbformen. Sammelt an der Tafel. Wie heißt die Regel?

Diese Formen kennst du schon:

sein	haben
ich war	ich hatte
du warst	du hatt...
er ...	...

Diese Formen sind neu:

können	wollen	dürfen
ich konnte	ich wollte	ich ...
du konntest	du woll...	
...	...	

16 Was erzählt Peter Kunzler? Ergänzt die Verben im Präteritum und lest vor.

Vor 30 Jahren w... alles anders: Telefon, Fernseher usw. Als Peter 12 w..., h... er kein Handy. Nur seine Eltern h... ein Telefon. Die Kinder d... nicht so lange sprechen. Telefonieren w... viel teurer als heute. Peters Eltern h... einen Fernseher. Er w... immer gerne die Filme am Abend sehen. Aber er d... nicht. Sie h... auch weniger Programme als heute: nur drei.
Musik hören w... zu Hause immer ein Problem. Er k... Musik nie laut hören, immer m... sie leise sein.

17 Entschuldigungen – Ergänzt die Sätze und übt die Dialoge.

1. Ich kon... nicht kommen. Ich ha... Nachhilfe.
2. Ich ha... kein Geld für den Bus.
3. Wir durf... nicht kommen. Unsere Eltern wa... dagegen.
4. Tut mir Leid. Aber ich mu... auf meine Schwester aufpassen.
5. Wir woll... pünktlich sein. Aber unser Vater ko... uns nicht fahren. Wir muss... den Bus nehmen.

18 Biene und Boris früher und heute. Und wie war das bei dir?

Mit 2 konnte ich laufen.
Mit 5 wollte ich Prinzessin werden.
Mit 10 konnte ich Saxophon spielen.
Und jetzt will/kann/darf/muss ich ...

Mit 2 musste ich immer Spinat essen.
Mit 5 durfte ich nicht laut sein.
Mit 10 wollte ich nicht zur Schule.
Und im Moment kann/muss/will/darf ich nicht ...

1 Wochenende – Hört zu und seht die Zeichnungen an. Was haben Maria, Ron, Juliane und Herr Schmidt gemacht? Macht Notizen!

14

Maria | Ron | Juliane | Herr Schmidt

Maria ist im Zirkus gewesen und dann hat sie ...

2 Pantomime in der Klasse – Was hat er/sie gemacht?

geschlafen – Tennis gespielt – ein Buch gelesen – Gitarre gespielt – spazieren gegangen ...

3 Ein Wochenende in ...? – Ordnet die Verben zu und schreibt einen Brief an einen Freund / eine Freundin.

Museum – Kaffee in einem Café –
im Kaufhaus Souvenirs –
durch die Fußgängerzone –
einen Vortrag über ... –
ein Fußballspiel – in der Jugendherberge –
mit dem Zug nach – am Abend

zurückfahren – kaufen – ansehen –
hören – trinken – besuchen – laufen –
fahren – frühstücken – übernachten

Zuerst ... – Am nächsten Morgen/Nachmittag ... – Dann ... – Danach ... – Am Abend ... – Zum Schluss ...

Liebe ...,
am Wochenende war ich in ...
Zuerst sind wir mit dem Zug nach ... gefahren.

4 Mit Sprache spielen – Lest den Text. Beschreibt dann den Dienstag und den Mittwoch.

Am **Sonntag** bin ich zu Tante Maria und Onkel Franz gegangen. Wir haben Hähnchen mit Pommes frites gegessen. Danach sind wir in den Zoo gegangen und haben den Tiger im Käfig angeschaut. Ein schöner Tag!

Am **Montag** bin ich zum Tiger gegangen. Wir haben Tante Maria und Onkel Franz mit Pommes frites gegessen. Danach sind wir in den Zoo gegangen und haben das Hähnchen im Käfig angeschaut. Ein schöner Tag!

Am Dienstag bin ich zum Hähnchen ...

5 Minidialoge – Lest zuerst die Antworten. Hört dann die Fragen und Aussagen. Welche Antworten passen?

15

1. Na ja, es geht. Die Spaghetti sind besser.
2. Gerne!
3. Ich habe euch gestern geholfen, jetzt könnt ihr mir helfen!
4. Nein, das glaube ich ihm nicht!
5. Ich weiß noch nicht. Hast du eine Idee?
6. Nein, mir nicht, vielleicht ihm?
7. Vielleicht, wenn ich Zeit habe.
8. Ja, er war o.k., aber das Buch hat uns besser gefallen.

Gehört das Fahrrad dir?

Nein, mir nicht, vielleicht ihm?

6 Ein Liebesbrief – Ergänzt die Personalpronomen (N/A/D).

du – dir – mir – mir – dich – ihm – ich – dich – wir – mir – mich – dich – mir

Liebe Anna,

du gefällst (1) sehr. Gefalle ich (2) auch? Oder magst (3) Paul? Vorsicht, vertrau (4) nicht. Er liebt (5) nicht. Er ist mit Eva zusammen. Du kannst (6) ruhig glauben. Ich will nur das Beste für (7). Du und (8), (9) sind das ideale Paar. Also, liebst du (10)? Antworte (11) bald! Bitte, bitte, schreib (12) einen Brief. Ich warte immer auf (13).

In Liebe

Dein Peter

16

7 Freunde *von Gina Ruck-Pauquêt*

Hört und lest den Text. Macht Pausen und diskutiert die Fragen in der Klasse.

Warum will der Vater nicht, dass Benjamin mit Josef befreundet ist?

„Wohin willst du?“, fragte der Vater.
Benjamin hielt die Türklinke fest.
„Raus“, sagte er.
„Wohin raus?“, fragte der Vater.
„Na, so“, sagte Benjamin.
„Und mit wem?“, fragte der Vater.
„Och …“, sagte Benjamin.
„Um es klar auszusprechen“, sagte der Vater, „ich will nicht, dass du mit diesem Josef rumziehst!“
„Warum?“, fragte Benjamin.
„Weil er nicht gut für dich ist“, sagte der Vater.
Benjamin sah den Vater an.
„Du weißt doch selber, dass dieser Josef ein … na, sagen wir, ein geistig zurückgebliebenes Kind ist“, sagte der Vater.

Dein Freund / Deine Freundin: Was kannst du von ihm / von ihr lernen? Was kann dein Freund / deine Freundin von dir lernen?

„Der Josef ist aber in Ordnung“, sagte Benjamin.
„Möglich“, sagte der Vater. „Aber was kannst du schon von ihm lernen?“
„Ich will doch nichts von ihm lernen“, sagte Benjamin.
„Man sollte von jedem, mit dem man umgeht, etwas lernen können“, sagte der Vater.
Benjamin ließ die Türklinke los.
„Ich lerne von ihm, Schiffchen aus Papier zu falten“, sagte er.

„Das konntest du mit vier Jahren schon“, sagte der Vater.
„Ich hatte es aber wieder vergessen“, sagte Benjamin.
„Und sonst?“, fragte der Vater. „Was macht ihr sonst?“
„Wir laufen rum“, sagte Benjamin. „Sehen uns alles an und so.“
„Kannst du das nicht auch mit einem anderen Kind zusammen tun?“
„Doch“, sagte Benjamin. „Aber der Josef sieht mehr“, sagte er dann.
„Was?“, fragte der Vater. „Was sieht der Josef?“
„So Zeugs“, sagte Benjamin. „Blätter und so. Steine. Ganz tolle. Und er weiß, wo Katzen sind. Und die kommen, wenn er ruft.“
„Hm“, sagte der Vater. „Pass mal auf“, sagte er. „Es ist im Leben wichtig, dass man sich immer nach oben orientiert.“

„Was heißt das?“, fragte Benjamin, „sich nach oben zu orientieren?“
„Das heißt, dass man sich Freunde suchen soll, zu denen man aufblicken kann. Freunde, von denen man etwas lernen kann. Weil sie vielleicht ein bisschen klüger sind als man selber.“
Benjamin blieb lange still.
„Aber“, sagte er endlich, „wenn du meinst, dass der Josef dümmer ist als ich, dann ist es doch gut für den Josef, dass er mich hat, nicht wahr?“

Was antwortet Benjamin seinem Vater?

8 Orientierung in der Stadt

a Hört die Dialoge. Wohin wollen die Jungen und Mädchen?

17

b Nehmt einen Plan von eurer Stadt. Beschreibt Wege und sucht Orte.

9 *Alle wollen, dass …* – Wie ist das bei euch?

Die Lehrer wollen immer, dass …
Die Schüler wollen immer, dass …
Mein Vater will immer, dass …
Meine Mutter/Schwester/Tante …
Mein Freund / Meine Freundin …

10 *Ich wollte ja, aber …* – Ergänzt *wollen, können, dürfen, müssen, haben, sein.*

1. Ich ① ja am Samstag zu der Party kommen, aber ich ② nicht. Ich ③ keine Zeit.
2. Früher ④ ich immer viel für Deutsch arbeiten, aber jetzt geht es schon besser.
3. Gestern ⑤ ich im Kino. Ich ⑥ „Harry Potter" sehen, aber der Film läuft nur am Mittwoch.
4. ● Warum bist du nicht zum Fußballtraining gekommen?
   ○ Ich ⑦ nicht. Meine Mutter ⑧, dass ich zuerst meine Hausaufgaben mache.
5. Am Wochenende ⑨ ich die ganze Zeit im Bett bleiben. Ich ⑩ krank.

Ich wollte ja am Samstag zu der Party kommen, aber ich …

AUSSPRACHE

18

11 Hast du die Fahrkarten?

a Lest den Comic und hört zu.

6

- ○ He, Boris, hast du die Fahrkarten eingesteckt?
- ● Ich? Nein, ich hab gedacht, du hast sie.
- ○ Warum hast du das nicht gesagt?
- ● Du hast mich ja nicht gefragt.

b Hört noch einmal. Welche Wörter sind betont?

c Lest den Dialog mit verteilten Rollen.

d Wie kann man den Dialog verändern? Sprecht laut und leise, böse und freundlich.

LERNEN MIT SYSTEM

12 Wie benutzen Jugendliche die Medien?

a Vor dem Hören: Sammelt Aussagen zu diesen Stichpunkten:

Computer – Bücher lesen – CDs hören – Radio hören – Unterschied Jungen/Mädchen

b Beim Hören von Teil 1 des Textes: Macht Notizen und ergänzt 1 und 2.

19

1. Die Jugendlichen lesen ... 2. Jugendliche und Erwachsene sehen meistens ...

c Was ist am beliebtesten? Bringt a–e in die richtige Reihenfolge.

a) Radiohören b) Computer c) CDs d) Fernsehen e) Bücherlesen

13 Lest den zweiten Teil des Textes und ergänzt die Aussagen.

1. Für ... sind Computer nicht so wichtig wie für ...
2. Die ... lesen mehr ... als die ...
3. Die Jugendlichen lesen mehr ... als ...
4. Auf dem letzten Platz sind die ...

Nach wie vor gibt es geschlechtsspezifische Unterschiede. So wird der Computer häufiger von Jungen benutzt: 70 % benutzen ihn mehrmals pro Woche – im Gegensatz zu 49 % der Mädchen. Bücher werden vor allem von Mädchen gelesen (47 % zu 25 % bei Jungen).
Insgesamt liegt das Bücherlesen hinter dem Zeitunglesen (59 %) und dem Zeitschriftenlesen (45 %) auf Rang sieben der beliebtesten Medien. Danach folgen Videokonsum, Hörkassetten, Comics und Kinobesuche.

14 Macht eure Medienstatistik für die Klasse.

15 Hört jetzt den dritten Teil des Textes: Ein Interview mit einem Medienexperten. Nicht vergessen: Notizen machen. Sprecht dann über die Themen 1–3.

20

1. Jungen/Fernseher/Computer/langweilig
2. Computer/Spielen/Arbeiten
3. Jungen/Mädchen/Computer

16 Die Lernziehharmonika
Ergänzt die Adjektive und Verben und bastelt eure Ziehharmonika!

gut – schlecht, lang – ?, klein – ?, schnell – ? ...
gut – besser, lang – ?, klein – ?, hoch – ?, viel – ? ...
lesen – gelesen, einkaufen – ?, telefonieren – ? ...

Sport

1 Sieh die Bilder an. Welcher Typ bist du?

A

B

Ich bin Typ A. Ich mache viel Sport.

2 Der Sporttest – Notiert die Ergebnisse. Die Auswertung findet ihr auf Seite 37.

1. Wie viele Stunden Sport machst du in der Woche?
a) nur in der Schule
b) 1–3 Stunden pro Woche
c) mehr als 3 Stunden pro Woche

2. Wie viele verschiedene Sportarten treibst du?
a) keine
b) eine
c) zwei oder mehr

3. Es ist ein schöner Tag im Winter. Was machst du?
a) Ich gehe zum Eislaufen.
b) Ich laufe Ski.
c) Ich sehe fern und trinke Kakao.

4. Es ist ein schöner Tag im Sommer. Was machst du?
a) Ich fahre Rad oder ich gehe skaten.
b) Ich sehe fern.
c) Ich gehe spazieren.

5. Du gehst zur Schule und der Bus kommt. Du bist noch 100 Meter vom Bus entfernt. Was machst du?
a) Ich renne schnell zum Bus und fahre in die Schule.
b) Ich warte auf den nächsten Bus.
c) Ich gehe nach Hause und lege mich wieder ins Bett.

6. Die Olympischen Spiele 2000 waren in
a) Athen
b) Peking
c) Sydney

7. Ordne die Bilder den Sportarten zu.
a) Fußball
b) Rugby
c) Badminton
d) Basketball
e) Volleyball
f) Handball

3 Sportgeräusche – Hört zu. Welche Sportarten erkennt ihr?

Schwimmen Reiten Boxen Tennis Tischtennis Karate

4 Vier Interviews: *Sport? Na klar! – Sport? Nein danke!*
Sammelt: Was können die Jugendlichen sagen? Hört dann zu und macht Notizen.

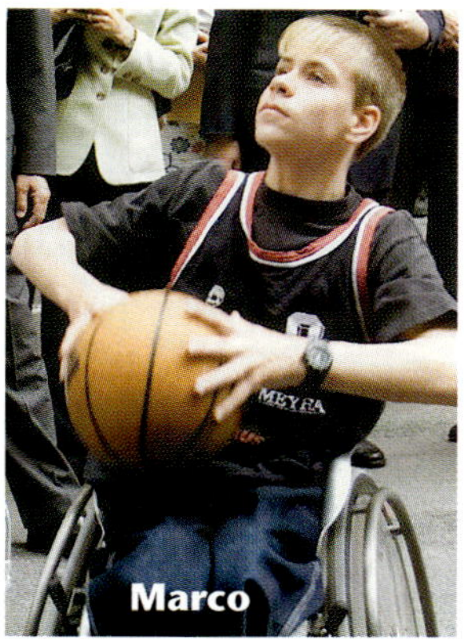

5 Wer sagt was? Ergänzt die Aussagen mit den Namen. Die Notizen helfen.

… treibt Sport / treibt keinen Sport.
… gewinnt gerne.
… hat keine Zeit.
… ist danach immer total kaputt.
…

Mathias treibt viel Sport. Er trifft da seine Freunde.

fit Buch
gefährlich nur Fußball

Punkte: Frage 1: a=1; b=3; c=5 – Frage 2: a=0; b=3; c=5 – Frage 3: a=5; b=3; c=0 – Frage 4: a=3; b=0; c=2 – Frage 5: a=5; b=3; c=0 – Frage 6: a=0; b=0; c=3 – Frage 7 (Lösung: a=2; b=3; c=5; d=6; e=4; f=1). 6 richtig = 5, 5 richtig = 4, 4 richtig = 3, 3 richtig = 2, weniger = 0
Auswertung: 10 Punkte oder weniger: Du sitzt zu lange und zu oft zu Hause. Geh raus und mach ein bisschen Sport. Du fühlst dich besser. 11 bis 25 Punkte: Du machst gerne Sport. Du weißt, dass es dich fit macht. 26 Punkte und mehr: Du bist ein Sportfreak. Aber zu viel Sport ist auch nicht gut. Du musst dich auch manchmal ausruhen.

Bundesjugendspiele und Sportabzeichen

6 Zwölf Wörter – Sechs passen zu dem Thema „Sport“. Wählt aus und begründet.

Museum – fit – laufen – hören – Cola – Sekunde – Gold – Brief – fernsehen – Rekord – schreiben – Meter

7 Lest zuerst die Fragen und dann den Text. Welche Fragen beantwortet der Text? Lest Fragen und Antworten vor.

1. Ist bei den BJS ein normaler Schultag?
2. In welcher Stadt finden die BJS statt?
3. Warum ist Sport gut?
4. Warum organisiert man die BJS?
5. Bekommt man Geld?
6. Wie oft finden die BJS statt?
7. Was kann man bei den BJS machen?
8. Was bekommt man beim Sportabzeichen?
9. Wer kann das Sportabzeichen machen?
10. Dürfen Lehrer auch mitmachen?

Sport macht fit und ist auch gut für den Kopf, sagen alle Experten. Die Bundesjugendspiele gibt es in Deutschland seit mehr als 50 Jahren. Die Idee ist, dass alle Schüler einmal im Jahr zeigen, was sie sportlich können und wer die Besten sind. An diesem Tag sind alle auf dem Sportplatz. Man kann zwischen Laufen, Weitspringen, Hochspringen, Ballwerfen oder Kugelstoßen wählen. Aber auch Schwimmen, Turnen oder Radfahren gehören dazu. Alle Schüler bekommen dafür eine Urkunde. In Deutschland machen auch viele das Sportabzeichen. Das Alter ist nicht wichtig und es ist auch nicht so wichtig, wer am schnellsten läuft oder am höchsten springt. Hauptsache, man macht Sport und schafft eine bestimmte Mindestleistung. Beim ersten Mal gibt es eine Medaille in Bronze, beim zweiten Mal in Silber, und wenn man zum dritten Mal mitgemacht hat, bekommt man eine Goldmedaille. Manche Menschen sind schon über 70 Jahre und machen immer noch mit.

23

8 Julian Becker hat das Sportabzeichen in Gold. Hört zu und macht Notizen. Vergleicht mit der Urkunde. Julian hat sich einmal geirrt.

– in acht Komma vier Sekunden
– drei Meter fünfunddreißig
– neununddreißig Komma fünf Meter

Die Besten

9 Drei Weltrekorde – Ordnet die Ergebnisse zu. Prüft im Internet: Sind die Informationen noch richtig?

Wer ist am weitesten gesprungen? Wer ist am höchsten gesprungen?
Wer ist die 100 Meter am schnellsten gelaufen?

Maurice Greene (USA), 1999	9,79
Javier Sotomayor (CUB), 1993	2,45
Mike Powell (USA), 1991	8,95

Maurice Greene ist am …

10 *Schnell, schneller, am schnellsten* – Sammelt Adjektive an der Tafel.

	Komparativ	Superlativ	
schnell weit …	schneller weiter …	am schnellsten am weitesten …	der/das/die schnellste … der/das/die weiteste …
alt groß …	älter größer …	am ältesten am größten …	der/das/die älteste … der/das/die größte …
gut viel hoch	besser mehr höher	am besten am … am …	der/das/die beste … der/das/die meiste … der/das/die höchste …

11 Die Besten in der Klasse – Sprecht in der Klasse.

Wer kann am schnellsten laufen?
Wer wirft den Ball am weitesten?
Wer springt am höchsten?
Wer …

Wer ist der/die Beste in Mathe?
Wer malt die schönsten Bilder?
Wer ist der/die Größte/Kleinste?

12 Welche Sportart ist am …? Sammelt in der Klasse und vergleicht.

am gefährlichsten – am schönsten –
am aggressivsten – am brutalsten – am …

Körper

13 Wörter mit Musik lernen – Hört zu und schaut die Zeichnungen an.

14 Lernplakat „Körperteile" – Hier sind die Pluralformen der Körperteile. Schreibt die Wörter in ein Lernplakat.

armeaugenbeinebäuchedaumengesichterfingerrückenfüßehaarehälsehändeknie
köpfenasenohrenbrüsteschulternmünderzähne

15 Aua! – Hört die Dialoge und spielt sie.

- ● Kommst du mit zum Fußballtraining?
- ○ Ich kann nicht, mein Bein tut weh.
- ● Was ist passiert?
- ○ Ich bin die Treppe runtergefallen.
- ● Oje! Gute Besserung!

- ● Gehst du mit ins Kino?
- ○ Ich kann nicht mitkommen.
- ● Warum nicht?
- ○ Weil ich Kopfweh habe.
  Ich glaube, ich habe zu viel Grammatik geübt.
- ● Du spinnst!

16 Entschuldigungen – Ordne 1–5 und a–e zu. Hört dann zu und vergleicht.

26

1. Du bist schon wieder zu spät!
2. Hast du die Vokabeln schon wieder nicht gelernt?
3. Nimm sofort den Kaugummi aus dem Mund!
4. Warum hast du deine Hausaufgaben nicht gemacht?
5. Warum warst du am Freitag nicht in der Schule?

a) Ich habe sie ja gemacht,
aber ich habe sie zu Hause vergessen.
b) Ich hatte keine Zeit,
weil ich gestern Geburtstag hatte.
c) Ja, aber ich hatte keine Chance,
weil der Bus nicht gekommen ist.
d) Tut mir Leid, aber ich habe noch nicht gefrühstückt.
e) Weil ich krank war. Ich hatte Grippe.
Hier ist meine Entschuldigung.

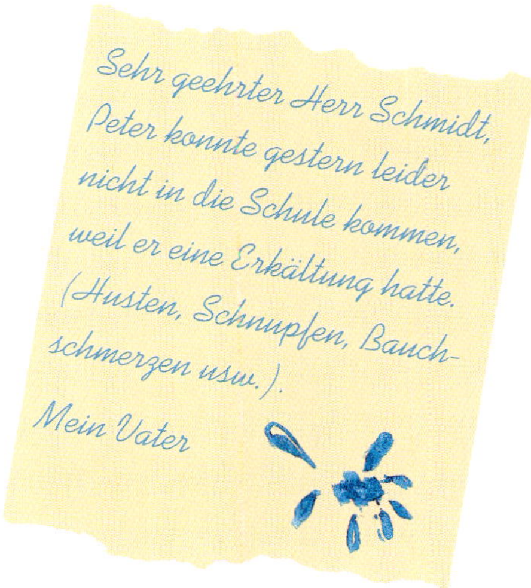

17 Pantomime – Was ist los? Was hast du? Spielt das Problem. Die anderen raten.

Ich bin	krank/ erkältet	**Ich habe**	Fieber/Schnupfen/...	Mein Bein/Arm/...	**tut weh.**
	müde		Kopfschmerzen	Meine Füße/Augen	**tun weh.**
	total kaputt		Halsschmerzen	...	
	...		...		

18 Begründungen mit *weil*

a ***Weil*** **funktioniert wie** ***dass.*** **Sammelt Beispiele an der Tafel.**

b **Ordnet zu, schreibt die Sätze und lest vor.**

1. Anna ist traurig.
2. Herr Schmidt geht gerne ins Konzert.
3. Ich treibe keinen Sport.
4. Der Mathetest der 7a war super.
5. Julian macht Sport.

a) Er mag moderne Musik.
b) Sie hat keine Freunde.
c) Olli hat den Test gefunden.
d) Er trifft da seine Freunde.
e) Das ist zu gefährlich.

19 Gründe finden – Schreibt die Sätze zu Ende und lest vor.

1. Mareike war sauer, weil ...
2. Familie Schröder ist mit dem Zug nach Hamburg gefahren, weil ...
3. Herr Schmidt ..., weil ...
4. Meine Eltern sind o.k. / nicht o.k., weil ...
5. Mein Bruder / Meine Schwester ..., weil ...
6. Mein Freund / Meine Freundin ...
7. Ich bin sauer/traurig/gut gelaunt, weil ...

20 Sätze mit *weil* und *aber* – Was ist der Unterschied? Seht in Aufgabe 16 nach.

Modenschau

1 Schülercollagen – Welche findet ihr am schönsten? Welche Wörter kennt ihr?

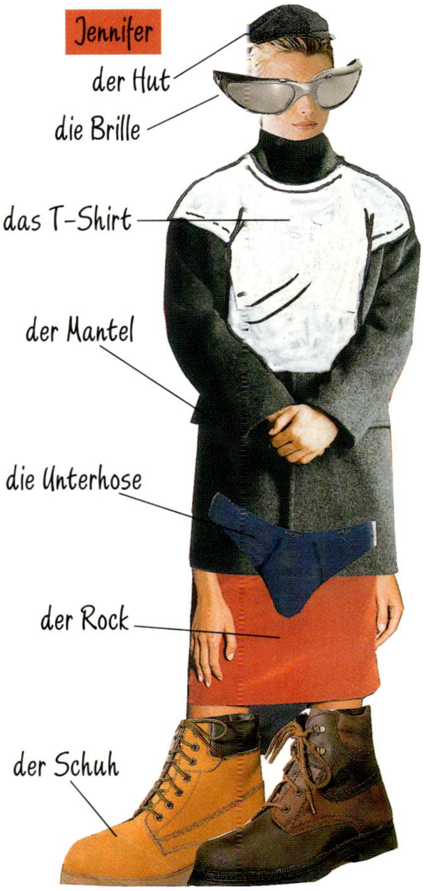

Collage: Klasse 9° Scuola Madia Castione, Tessin

2 Welche Farben haben die Kleidungsstücke?

Die Hose von Leonie ist blau, die Krawatte ist grau.

3 Was tragen die Personen in der Collage? Wählt aus.

Jennifer trägt schwarze/braune Stiefel, ein weißes/gelbes T-Shirt, einen grauen/weißen Mantel, einen dunklen/hellen Hut, eine blaue/grüne Unterhose, einen roten/grünen Rock, eine moderne/altmodische Brille.

Leonie trägt ein gestreiftes/gepunktetes Bikini-Top, eine bunte/einfarbige Krawatte, eine graublaue/hellgrüne Jacke, einen hellen/dunklen Pullover, eine blaue/gelbe Hose, eine schwarze/weiße Strumpfhose, teure/billige Stiefel.

Jennifer trägt braune Stiefel. Sie ...

4 Thema „Kleidung" – Macht eine Collage.

5 Herbie, Alexa und die Mode – Seht die Bilder an und lest die Texte. Wer interessiert sich für Mode, wer nicht?

Das Thema *Mode* interessiert ihn eigentlich überhaupt nicht. Seine Mutter legt morgens die Kleidung hin und er zieht sie an. Er mag sportliche Sachen, bequeme Jeans, T-Shirts, Größe: XL. Die Farbe ist ihm egal. Am liebsten zieht er im Moment das dunkle Sweatshirt an. Sehr bequem. Er hat auch eine Mütze, die dazu passt. Wichtig sind die Schuhe. Sportschuhe findet er gut. Die tragen im Moment alle in der Klasse.

Sie sagt, dass sie ein Sommertyp ist. Sie mag helle, sonnige Farben. Sie geht oft mit ihrer Freundin Ilona einkaufen. Na ja, nicht richtig. Meistens probieren sie im Kaufhaus nur neue Sachen an. Später geht sie dann mit ihrer Mutter und sie kaufen die Sachen manchmal. Man kann auch Kleidung selbst machen. Zum Beispiel Blusen. Das ist billiger. Manchmal gibt es ein bisschen Streit. Ihre Mutter mag keine kurzen Röcke.

6 Zwei Interviews – Lest die Sätze und hört zu. Welche Sätze passen zu Herbie, welche zu Alexa?

1. Das ist mir egal, das ist kein Thema für mich.
2. Ich mache sowieso viel Sport, Fußball, Volleyball und Schwimmen.
3. Rot mag ich am liebsten.
4. Meine Mutter macht Kleidung selbst.
5. Meine Eltern haben natürlich einen anderen Geschmack als ich.
6. Mode ist auch eine Geldfrage.
7. Die meisten Schüler ziehen sich so an wie ich.

weit

eng

7 Über Geschmack sprechen Was passt zusammen und was nicht?

1. schwarze Jeans und gelbe Krawatten
2. blaue Leggins und gelbe Blusen
3. alte Sportschuhe und …
4. lange Stiefel und kurze Röcke
5. weite … und enge …
6. gestreifte Hosen und karierte Hemden

Ja, das passt super!

Ich finde, schwarze Jeans und rote T-Shirts passen gut zusammen.

Schrecklich! Das passt überhaupt nicht.

Wie findest du ...? Hast du ...?

8 Zwei Dialoge – Hört zu, lest und spielt die Dialoge.

28

Im Kaufhaus

- ● Wie findest du die grüne Bluse und den blauen Schal? Cool, oder?
- ○ Ich weiß nicht. Ich finde, dass Grün dir gar nicht steht.
- ● Meinst du wirklich? Und das rote Top? Ich finde, das steht mir.
- ○ Das ist MEGA-out.
- ● Ich mag das T-Shirt hier. Haben Sie das in Blau?
- ▶ Moment, ich glaube nicht, nur in Größe 38.
- ● 38? Das ist zu groß. Dann nehme ich nur den blauen Schal.

Am Telefon

- ● Frontzek.
- ○ Hallo, Britta! Du, wir gehen heute Abend zum Geburtstag von meiner Cousine. Hast du eine blaue Bluse für mich?
- ● Eine blaue Bluse? Moment, nein, aber ich hab ein hellblaues T-Shirt.
- ○ Nein, das geht nicht, ich hab einen schwarzen Hosenanzug, das passt nicht zusammen.
- ● Ruf doch Marion an. Die hat ziemlich viele schicke Klamotten.

9 Wählt Situation 1 oder 2 aus, ändert die Kleidungstücke und übt die Dialoge zu zweit.

Situation 1

- ● Wie findest du ⓐ? Cool, oder?
- ○ Ich weiß nicht. Ich finde, (der/das/die) steht dir gar nicht.
- ● Meinst du wirklich? Und wie findest du ⓑ? Ich finde, (der/das/die) steht mir.
- ○ Unmöglich, das ist MEGA-out.
- ● Ich mag ⓒ, hier? Haben sie (den/das/die) in Beige?
- ○ Moment, nein, nur in Größe 38.
- ● Tut mir Leid, das passt mir nicht.

Wie findest du die hellblaue Bluse?

	①	②	③	④
ⓐ	die hellblaue Bluse	den dunkelblauen Rock	den weißen Pullover	die blaue Krawatte
ⓑ	das rot gestreifte T-Shirt	das hellgrüne Hemd	den roten Pullover	die gestreifte Krawatte
ⓒ	das kurze Top	den kurzen Mantel	die schwarze Jacke	den karierten Anzug

Situation 2

- ● Hallo. Du, wir gehen heut Abend aus. Hast du ⓐ für mich?
- ○ ⓐ? Moment, nein, aber ich hab ⓑ.
- ● Nein, das geht nicht, ich hab ⓒ, das passt nicht zusammen.
- ○ Ruf doch XX an, die/der hat ziemlich viele Klamotten.

	①	②	③	④
ⓐ	eine hellblaue Bluse	ein dunkelblaues Hemd	einen weißen Pullover	ein dunkle Krawatte
ⓑ	ein hellblaues T-Shirt	ein hellgrünes Hemd	einen neuen, roten Pullover	eine blau gestreifte Bluse
ⓒ	eine dunkelrote Jacke	einen grauen Anzug	eine beige Jacke	einen karierten Anzug

10 Über Mode sprechen – Verwendet Sätze aus dem Dialog „Im Kaufhaus".

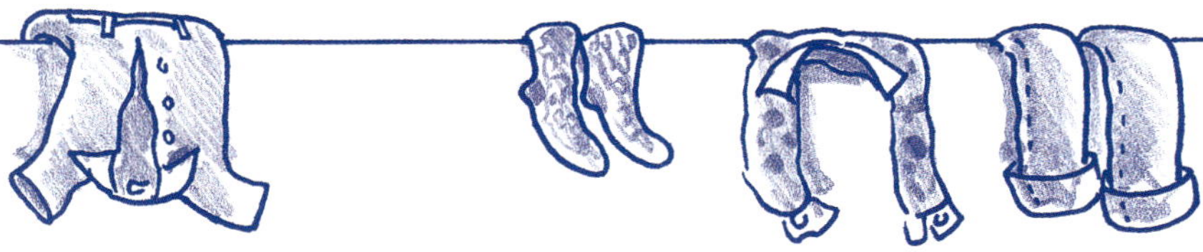

☺
Das (Kleid) steht/passt/gefällt dir/mir (gut)!
Das (Top) sieht gut/super aus.
Das … finde ich schöner als …
Das ist todschick/cool/topmodern.

☹
Das (Kleid) steht/passt/gefällt dir/mir nicht.
Das (Top) mag ich (überhaupt) nicht!
Das finde ich nicht so schön wie …
Die Bluse ist unmodern/altmodisch.
Das ist mir zu groß/klein / zu eng/weit.

Adjektive systematisch

11 Arbeitet mit der Tabelle.
a Alles in Rot – Ergänzt die Sätze.

<table>
<tr><th></th><th>der Schal</th><th>das Hemd</th><th>die Jacke</th><th>die Schuhe (Plural)</th></tr>
<tr><td>Nominativ</td><td>der rote Schal
(k)ein roter Schal
mein roter Schal</td><td rowspan="2">das rote Hemd
(k)ein rotes Hemd
mein rotes Hemd</td><td rowspan="2">die rote Jacke
eine rote Jacke
meine rote Jacke</td><td rowspan="2">die roten Schuhe
– rote Schuhe
keine roten Schuhe
meine roten Schuhe</td></tr>
<tr><td>Akkusativ</td><td>den roten Schal
(k)einen roten Schal
meinen roten Schal</td></tr>
</table>

1. Hast du einen … Schal für mich? 2. Trägst du gern … Schuhe? 3. Wie findest du mein … Hemd? 4. Passt mir die … Jacke? 5. Trägst du gern … Schuhe? 6. Wo sind meine … Schuhe? 7. Steht mir der … Schal? 8. Magst du keine … Schuhe? 9. Ich glaube, ich nehme das … Hemd. 10. Hast du die … Jacke gesehen? 11. Trägst du keine … Jacken? 12. Hast du meine … Hemden gesehen?

b Ergänzt die Sätze in 11a mit passenden Adjektiven.

blau – grau – neu – alt – warm – teuer – lang – kurz – kariert – gepunktet – gestreift …

Adjektive üben

12 Das Aufräumspiel

a Hier sind acht Kleidungsstücke. Zeichnet die Kommode. Schreibt je zwei Zahlen in jede Schublade.

1. eine weiße Unterhose
2. eine graue Bluse
3. braune Strümpfe
4. ein gelbes T-Shirt
5. alte Schuhe
6. ein roter Rock
7. ein altmodisches Hemd
8. neue Jeans

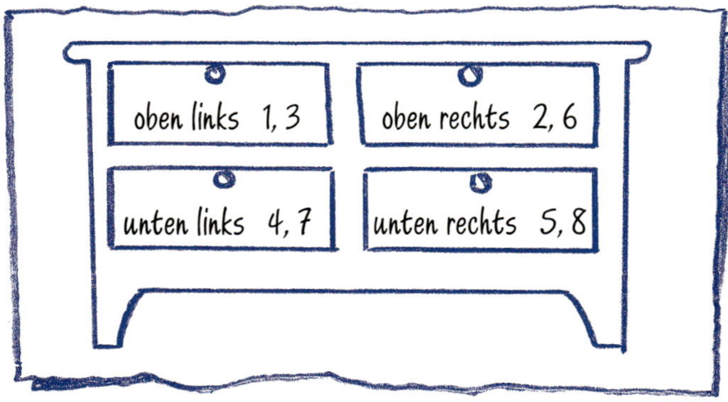

b Spielt zu zweit wie im Beispiel.

● Hast du eine weiße Unterhose in der Kommode oben rechts?
○ Nein. Hast du eine graue Bluse oben rechts?
● Ja.
○ Hast du die weiße Unterhose …

13 Namen in der Klasse raten – Wer nennt den Namen zuerst?

14 Interviews in der Klasse – Stellt Fragen, notiert die Antworten und berichtet.

Was ist deine Lieblingsfarbe?
Was trägst du meistens in den Ferien?
Was trägst du am liebsten am Wochenende / im Theater …?
Was trägst du nie / magst du nicht?
Magst du …?
Trägst du gern/oft …?
Hast du einen/eine/ein …?

Meistens trage ich …

Am liebsten mag …

Ja, das trage ich fast jeden Tag.

mag rote Pullover
Ferien: Jeans/T-Shirt

Ivanka hat erzählt, dass sie rote Pullover mag. In den …

15 Fredo und Benno – Findet die sechs Unterschiede. Hört zu und kontrolliert.

29

16 Schöne Ferien – Was braucht ihr dafür? Jede/r notiert drei Dinge. Vergleicht im Kurs.

ein Buch/ein Land	bequem/groß
eine Reise/eine Stadt	gut/heiß
meine Freundinnen/Freunde	interessant/klein
ein Strand/mein Hund	neu/schön
Partys/Zeit	spannend/warm
ein Film/...	viel/viele/...

17 Adjektive machen eine Geschichte interessanter. Baut die Adjektive ein und lest eure Texte vor.

spannend – gemütlich – groß – billig – groß – klein – neu – arrogant – tot – riesig – riesengroß – gut

Die Rache
Das Pop-Mac ist ein Hamburger-Restaurant am Rathausplatz. Ingo und Carla sitzen dort gerne. Ingo erzählt: „Manchmal essen wir einen Hamburger. Manchmal haben wir wenig Geld und wollen nur eine Cola trinken und nichts essen. Das war kein Problem, bis der Manager gekommen ist. Der hat gesagt, dass wir nicht hier sitzen können und nur Cola trinken. Wir haben überlegt, wie wir den Typ ärgern können. Ich hatte eine Idee. Ich habe eine tote Maus besorgt. Die Maus habe ich neben die Küchentür gelegt. Nach ein paar Minuten ist Carla reingekommen und hat die Maus „gefunden“. Sie hat laut geschrien. Der Manager ist sofort gekommen. Sie hat gesagt, dass das ein Skandal ist und dass ihr Vater bei der Zeitung arbeitet. Der Manager war schockiert, aber sehr freundlich. Er hat sich sofort entschuldigt und ihr eine Cola gebracht. Jetzt können wir sitzen bleiben, solange wir wollen.“

Eine spannende Geschichte

Essen und Trinken international

der Hamburger	das (Mineral-)Wasser	das Eis	das Obst:
die Bratwurst	der Kaffee	die Chips (Pl.)	der Apfel, die Kiwi
die Weißwurst	der Tee	der Berliner	das Gemüse:
der Döner	die Milch	die Torte	die Möhre, der Brokkoli

1 **Seht euch die Collage an. Was kennt ihr schon?**

2 **Pantomime – Zeigt, was ihr esst oder trinkt. Die anderen raten.**

3 **Welche Länder und Speisen findet ihr in der Collage?**

6

8

9

10

4 Thema „Essen" – Was ist für euch typisch deutsch? Was ist typisch in eurem Land? Sprecht in der Klasse.

In Deutschland gibt es überall viele ausländische Restaurants. Die Leute gehen „zum Italiener", „zum Griechen" oder „zum Spanier". Man findet auch oft chinesische Restaurants und viele aus anderen Nationen. Typisch deutsche Restaurants gibt es nicht so oft. In der Stadt kann man aber an vielen Stellen eine Bratwurst oder eine Currywurst bekommen und in den Restaurants Schnitzel in vielen Variationen mit Pommes frites, Bratkartoffeln oder Salzkartoffeln. Beliebt sind in Deutschland auch Wurst- und Käsebrötchen. Das beliebteste Essen in Deutschland ist vielleicht der türkische „Döner". Es gibt mehr Döner-Imbisse als McDonald's-Filialen.

5 Essen in meinem Land / meiner Stadt – Schreibt einen Text wie in Aufgabe 4.

6 Essen zu Hause und im Restaurant

a Ordnet zu und lest vor.

1. Wir wohnen nicht in der Stadt.
2. Japanisch habe ich noch nie gegessen.
3. Indisches Essen ist nichts für mich,
4. Wir gehen oft italienisch essen.
5. Wir essen immer zu Hause,
6. Ich mag keine Bratwürste.
7. Ich mag keine Kartoffeln,

a) aber Pommes frites esse ich gern.
b) weil es viel zu scharf ist.
c) weil es da allen am besten schmeckt.
d) Bei uns gibt es nur ein deutsches Restaurant.
e) Die sind mir zu fett.
f) Das kenne ich nicht.
g) Ich liebe Pizza!

b Und ihr? Macht eigene Aussagen wie in Aufgabe 6a.

sehr/zu scharf
sehr/zu fett
sehr/zu süß
sehr/zu salzig
sehr/zu teuer

Frühstück – Mittagessen – Abendessen

7 Texte und Fotos – Was gehört zusammen?

a

6 Uhr 30 – Familie Schuhmann frühstückt. Es muss alles schnell gehen. Herr Schuhmann isst nur ein Brot mit Marmelade und trinkt eine Tasse Kaffee. Er muss um 7 Uhr in der Firma sein. Frau Schuhmann hat mehr Zeit, sie muss um 12 Uhr ins Büro. Sie isst ein Brötchen mit Wurst. Dazu trinkt sie Tee und einen Orangensaft. Die Kinder trinken Kakao. Stefan isst immer zwei Brote mit Käse und Wurst und sein Bruder Dirk isst manchmal einen Teller Cornflakes.

4

b

13 Uhr 30 – Zum Mittagessen sind die Kinder allein zu Hause. Die Eltern arbeiten beide, aber das ist kein Problem: Es gibt Spaghetti mit Tomatensoße oder eine Suppe. Die Eltern essen mittags immer in der Kantine. Manchmal nimmt sich Frau Schuhmann auch etwas von zu Hause mit: Müsli mit Apfel, Trauben und Banane.

1

c

19 Uhr – Jetzt sitzt die ganze Familie am Tisch. Das Abendessen ist meistens kalt: Dunkles Brot und Käse, Wurst und manchmal gibt es auch einen grünen Salat mit Tomaten. Herr Schuhmann trinkt ein Glas Bier dazu, die anderen trinken Tee. Aber heute gibt es Ravioli.

2

d

Sonntag, 15 Uhr 30 – Am Sonntagnachmittag kommen manchmal Oma und Opa zu Besuch, dann gibt es Kaffee und Kuchen. Meistens backt Frau Schuhmann den Kuchen schon am Samstag oder Oma bringt ihren tollen Marmorkuchen mit.

8 Wie ist das bei euch? – Macht Notizen. Erzählt und schreibt einen Text.

7 Uhr: Zum Frühstück trinke ich eine Tasse Kakao und esse einen großen Teller Müsli. Meine Schwester …

Geschmackssache

9 Ein Lied – Hört zu und lest den Text. Wie ist das in eurer Familie?

Meiner Mutter schmecken Krabben.
Meinem Vater schmeckt Salat.
Meiner Freundin schmeckt nur Pizza,
wenn sie richtig Hunger hat.
Unserem Opa schmeckt nur Fisch,
aber auch nur sehr, sehr frisch.
Seiner Frau schmeckt nur Kaffee.
Ihrer Tochter nur noch Tee.
Ihren Hunden schmeckt das Eis,
ist der Sommer mal sehr heiß.
Einem Pferd schmeckt Heu, und „muh“,
so ist’s auch bei einer Kuh.
Unserer Katze schmeckt nur Maus.
Wie ist das in eurem Haus?

10 Possessivartikel im Dativ – Notiert die Formen aus dem Lied an der Tafel.

Singular	der Vater / das Pferd meinem Vater dein... ...	die Mutter mein... dein...
Plural	meinen Hunden / ...	

11 Ergänzt die Minidialoge. Die Tabelle hilft. Hört zur Kontrolle.

1. ● Wie geht es d... Schwester? ○ M... Schwester? Gut. Warum?
2. ● Gehört das Fahrrad dir? ○ Nein, das gehört m...Vater.
3. ● Fährt Peter allein nach Hamburg? ○ Nein, mit s... Freund.
4. ● Wie hat euch der Film gefallen? ○ Mir hat er gut gefallen, aber u... Eltern nicht.
5. ● Was schenkst du d... Freundin? ○ Zum Geburtstag? Eine CD.
6. ● Was ist denn mit e... Mutter los? ○ Ach, die hat wieder schlechte Laune!

erntipp **Nach einigen Präpositionen kommt immer Dativ. So kannst du dir die Dativpräpositionen merken:**

12 Das stimmt doch nicht!

a Ergänzt die Wörter.

b Korrigiert die Informationen wie im Beispiel.

1. Nina träumt von ihr① Freund Mr. Ballister.
2. Seit ein② Woche hat Anna auch einen Freund: Martin.
3. Herr Marquart ist mit sein③ Gruppe nach Berlin gefahren.
4. Stefan fährt mit d④ Fahrrad zu sein⑤ Opa. Er hat Geburtstag.
5. Anna kommt aus ein⑥ Stadt im Süden von Deutschland.
6. Nach ein⑦ Rockkonzert ist Herr Schmidt immer ganz unglücklich.
7. Bei unser⑧ Deutschlehrerin gibt es nie Hausaufgaben.

Nina träumt von ihrem Freund Mr. Allister.

Jugend und Essen

13 Eine Zeitungsnotiz

a Lest den Text schnell. Welche Überschrift passt?

Hamburger sind gesund

Auch Jugendliche essen gesund

Die Jugend isst sich krank

Dortmund – Die Dortmunder Ernährungsstudie „Donald“ zeigt, dass die Ernährung von Kindern und Jugendlichen längst nicht so schlecht ist wie ihr Ruf. Viele glauben, dass Pizza, Pommes und Hamburger das Lieblingsessen der 6- bis 14-Jährigen ist, aber auch Gesundes ist sehr beliebt. So nennen die Jugendlichen in der Studie 70 verschiedene Lebensmittel, die sie häufig essen. Interessant ist, dass viele Gemüse mögen. An der Spitze liegen Tomaten und Karotten. Laut Umfrage werden Pommes frites viel weniger gegessen als Salz- oder Bratkartoffeln. Unter den Früchten sind Äpfel und Bananen an der Spitze. Die befragten Jungen mögen lieber Weißbrot und die Mädchen lieber dunkle Brotsorten. Fastfood spielt übrigens in der Ernährung der Jugendlichen eine viel geringere Rolle, als man gedacht hat. *APA*

b Lest noch einmal. Was könnt ihr jetzt zu den Stichwörtern sagen?

Lieblingsessen	gesundes Essen	Tomaten und Karotten	Pommes frites und Bratkartoffeln
Äpfel und Bananen	Fastfood	Jungen und Mädchen	

c Welche Wörter haben geholfen? Was musstet ihr im Wörterbuch suchen?

14 Ein Witz
Welches Wort ist wichtig?

Essen und Sprache

15 Redewendungen

32

a Hört zu und seht die Zeichnungen an. Was passt zusammen?

c

b

d

e

①
● Alica, du hast schon wieder eine Fünf.
○ Das ist mir *wurst*!

②
● Mathematik ist das interessanteste und schönste Fach auf der Welt!
○ Das ist doch *Käse*!

③
● Hey, du hast wohl *Tomaten* auf den Augen!
○ Oh, tut mir Leid!

④
● Das Konzert war erste *Sahne*!
○ Hör auf, du gehst mir auf den *Keks*!

⑤
Jetzt haben wir den *Salat*!

b Was passt zu welchem Dialog? Ordnet zu!

1. Das ist Blödsinn!
2. Das ist mir egal!
3. Katastrophe!
4. Pass doch auf!
5. Das war sehr gut!
6. Du gehst mir auf die Nerven!

c Wie sagt man das in eurer Muttersprache?

16 Dialoge mit Redewendungen üben

a Spielt die Dialoge aus 15.

b Denkt an Situationen im Alltag – Schreibt Dialoge wie in 15a und spielt sie vor.

Eine Partygeschichte

1 Wer, wo, was …? – Sprecht über die Bilder.

Monika und Markus

Carsten und Tanja

33 **2** Partydialoge – Hört zu und schreibt die Sätze.

1. Carsten kommt spät, weil er …
2. Carsten findet die Party …
3. Carsten fragt: Wo ist …?
4. Tanja und Carsten fahren …

3 Aus dem Tagebuch von … – Lest den Text. Wer hat das geschrieben?

> **Samstag**
> *Das war ein verrückter Abend. Zuerst ging es mir schlecht, weil Mama wollte, dass ich bis um halb acht auf Sandra aufpasse. Ich war echt sauer. Immer mache ich den Babysitter!!! Natürlich war ich dann erst um acht bei Monikas Party. Ich finde Monika sehr nett. Aber sie hat den ganzen Abend nur mit Markus getanzt. Ich hatte echt schlechte Laune und wollte schon gehen. Plötzlich war Tanja da und hat gesagt, dass sie mitkommt. Überraschung! Wir sind dann zusammen in die Stadt gefahren und im Bus haben wir uns richtig gut unterhalten. Die ist richtig nett. Und ich Idiot habe immer gedacht, dass sie mich blöd findet. Auf einmal hat Tanja gefragt: „Sag mal, … Jetzt habe ich wieder richtig gute Laune und ich freue mich schon …*

34 **4** Was hat Tanja gesagt? Sammelt Ideen in der Klasse. Hört dann den Dialog.

Gefühle: gute Laune – schlechte Laune

5 Na, wie geht's? – Hört zu. Welche Sätze passen zu den Dialogen?

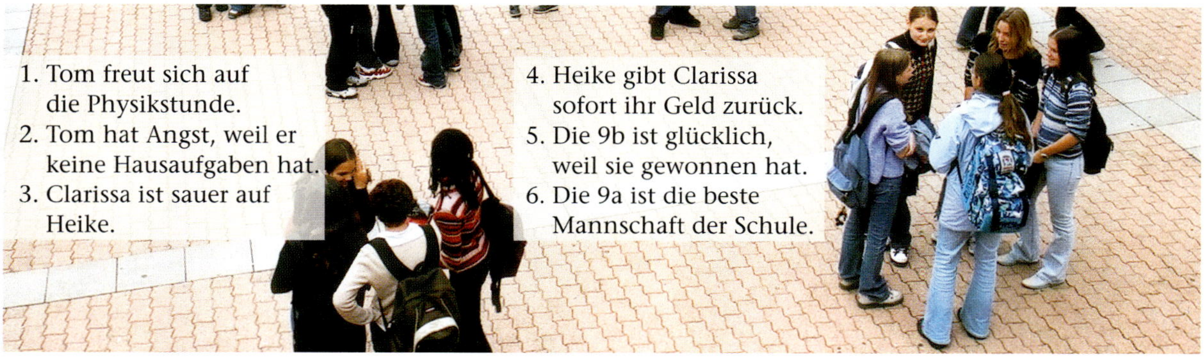

1. Tom freut sich auf die Physikstunde.
2. Tom hat Angst, weil er keine Hausaufgaben hat.
3. Clarissa ist sauer auf Heike.
4. Heike gibt Clarissa sofort ihr Geld zurück.
5. Die 9b ist glücklich, weil sie gewonnen hat.
6. Die 9a ist die beste Mannschaft der Schule.

6 Wie geht's? Gut? Schlecht? Warum? Hört und übt die Dialoge.

Dialog 1

● Na, wie geht's?
○ Danke, ganz gut.
…

Dialog 2

● Hey, was ist los?
○ Ich bin total sauer.
● Warum?
…

Dialog 3

● Hallo, Vera, alles klar?
○ Nein, ich hab schlechte Laune.
● Was ist denn los?
…

Dialog 4

● Du bist ja gut drauf!
○ Ja, es geht mir sehr gut.
● Wieso?
…

7 Schreibt eigene Dialoge wie in Aufgabe 6.

Hallo, wie geht's? / Hey, was ist los? / Na, alles klar? / Wie geht es Ihnen?

Es geht mir Ich habe Ich bin	sehr gut/super, weil … sehr gute Laune. froh/glücklich/gut drauf.	ganz gut, weil … ganz o.k.	nicht gut / schlecht, weil … schlechte Laune. sauer/wütend/traurig.

Hallo, wie geht's?

Es geht mir sehr gut, weil …

8 Eure letzte Woche – Was war gut, was war schlecht? Erzählt in der Klasse.

9 Das Tagebuch – Was hat … am Sonntag geschrieben?

Sonntag
Heute haben wir eine Radtour gemacht. Es war …

10 *Glücklich, wenn …* – Was passt zusammen?

1. Mir geht es gut,
2. Wenn Markus mit Monika tanzt,
3. Wenn ich neue Klamotten kaufe,
4. Ich bin traurig,
5. Herr Schmidt ist gut drauf,
6. Wenn Carsten geht,

a) dann ist Carsten sauer.
b) wenn mein Bruder krank ist.
c) wenn die Sonne scheint.
d) wenn er ins Konzert geht.
e) dann habe ich gute Laune.
f) dann kommt Tanja mit.

11 *Wenn …, dann …*

a Vergleicht A und B. Was ist anders?

A Ich (habe) gute Laune, **wenn** ich in die Ferien (fahre).

B **Wenn** ich in die Ferien (fahre), (dann) (habe) ich gute Laune.

b *Was machst du, wenn …?* Schreibt Sätze wie in 11a zu Satz A und B.

… du Taschengeld bekommst?
… dein Vater mit dir streitet?
… du frei hast?
… du müde/wütend bist?
… du zu spät kommst?

Wenn ich Taschengeld bekomme, dann …

Immer Ärger

12 Konflikte in der Clique – Seht das Bild an, hört zu und macht Notizen. Was ist los?

Fernsehen? – Nein: Videospiel – blöd

13 Schreibt den Dialog neu. Wählt a oder b.

a Schwerer: Verwendet eure Notizen.
b Leichter: Sortiert die Sätze 1–8 und a–h. Eure Notizen helfen.

Boris

1. Hey, Rudi, kommst du mit zum Sport?
2. Du siehst immer nur fern.
3. Jeden Tag sitzt du vor der Glotze.
4. Heute Abend haben wir ein Spiel. Kannst ja kommen.
5. Willst du nicht auch mal Sport machen?
6. Das ist doch echt blöd.
7. Los komm mit, Basketball ist besser.
8. Du bist total langweilig.

Rudi

a) Das finde ich nicht. Ich mag das.
b) Ja, ja, aber nicht jetzt.
c) Okay, in Ordnung. Wann genau?
d) Stimmt gar nicht. Ich spiele ein Videospiel.
e) Nein, ich gehe nicht mit.
f) Na und?
g) Warum? Ich finde mich ganz okay.
h) Das finde ich nicht.

14 Auf Kritik reagieren – Gruppe A liest eine Aussage vor. Gruppe B reagiert. Wechselt nach fünf Aussagen.

A

- Du hast drei Wochen nicht angerufen.
- Mach sofort die Musik leiser.
- Wo sind meine Kekse?
- Und? Hast du heute mein Buch mitgebracht?
- Du machst nie Sport.
- Beeil dich, du kommst zu spät zum Unterricht.
- Kannst du nicht auch mal einkaufen gehen?
- Warum warst du nicht auf meiner Party?
- Sei jetzt mal still.
- Du kommst schon wieder zu spät.

B

- Aber ich habe doch gar nichts gesagt.
- Das stimmt nicht. Du hast 22 Uhr gesagt.
- Nein, die Schule fängt heute erst um 10 Uhr an.
- Stimmt nicht. Ich spiele Schach.
- Ich habe doch gestern das Mineralwasser geholt.
- Aber das muss man doch so laut hören!
- Entschuldigung. Beim nächsten Mal komme ich bestimmt!
- Entschuldige, ich habe es zu Hause vergessen.
- Tut mir Leid, aber unser Telefon ist kaputt.
- Tut mir echt Leid. Ich hatte Hunger.

Du hast drei Wochen nicht angerufen.

Tut mir Leid, aber ...

15 Widersprechen / sich entschuldigen – Sammelt Ausdrücke aus 13 und 14 und schreibt eigene Dialoge.

- ● *Mach jetzt deine Hausaufgaben!*
- ○ *Aber morgen ist doch Sonntag.*

16 Immer ich! – Lest den Text und schreibt ähnliche Texte.

Immer ich!

Meine Mutter sagt, ich soll mein Zimmer aufräumen.
Mein Vater meint, ich soll nicht so viel träumen.
Meine Cousine sagt, ich soll nicht so laut lachen.
Mein Freund sagt, ich soll mehr trainieren.
Mein Opa sagt, ich soll später in Oxford studieren.
Und was sollst du?

17 Die Prinzen: Schaurig traurig – Lest den Text, seht die Bilder an und hört dann zu. Kennt ihr das auch?

38

Mein Kaffee ist kalt.
Die Schokolade ist alle.
Was ich auch tu.
Gar nichts macht mir Spaß.
Die Platten hab ich alle *schon 1000-mal* gehört.
Draußen regnet's, alles wird ganz nass.

Und ich bin traurig.
So schaurig traurig.
Ich bin traurig.
So schaurig traurig.

Und ich bin traurig ...

Der Fernseher läuft.
Und geht mir ziemlich auf den Geist.
Ich warte auf dich.
Doch das hat wohl keinen Sinn.
Versuch, dir zu schreiben.
Und zerreiße den Brief.
Ich frag mich laufend,
warum ich alleine bin.
...

18 Neue Wörter erschließen – Ordnet 1–5 den passenden Textzeilen zu.

1. Ich bin sehr traurig.
2. Das ärgert mich.
4. Es gibt keine Schokolade mehr.
3. sehr oft
5. Ich frage mich immer / die ganze Zeit.

19 Gebt dem Jungen Tipps für gute Laune.

Sprich doch mal mit einem Freund.

Mach doch eine Party.

Kauf dir doch ...

Geh doch ...

Ruf doch ...

20 Muffel oder Sonnenschein?

Was für ein Typ bist du? Notiere a, b oder c. Die Auswertung findest du unten.

1. Montagmorgen. Der Wecker klingelt. Wie reagierst du?
a) Oh nein ... viel zu früh. Ich bleibe noch zehn Minuten im warmen Bett.
b) Ich bin hellwach und stehe sofort auf. Los geht's !
c) Ich warte, bis meine Mutter kommt. Die nervt jeden Morgen.

2. Pause in der Schule und das Pausenbrot vergessen.
a) So ein Mist. Warum passiert das immer nur mir?
b) Ich kaufe etwas zu essen und ärgere mich.
c) Kein Problem. Es gibt ja die Cafeteria.

3. Sieh die Bilder an. Welches gefällt dir am besten?

a

b

c

4. Du siehst eine super CD. Leider hast du kein Geld mehr.
a) Meine Eltern sollen mir die CD kaufen.
b) Schade, aber es gibt Schlimmeres.
c) Meine Freunde haben immer mehr Geld als ich. Meine Eltern sind echt blöd.

5. Du bist verabredet. Deine Freundin ruft an und sagt, dass es später wird. Was sagst du?
a) Du spinnst wohl! Du kannst zu Hause bleiben.
b) Was ist denn passiert? Erzähl mal.
c) Da kann man nichts machen, schade.

6. Wie findest du das Bild?
a) Ich finde das Bild langweilig.
b) Ganz lustig. Mal was anderes!
c) Gute Idee. Das ist witzig.

Auflösung: 1. a = 2 / b = 1 / c = 3; **2.** a= 3 / b = 2 / c = 1; **3.** a = 1 / b = 1 / c = 1; **4.** a = 2 / b = 1 / c = 3; **5.** a = 3 / b = 1 / c = 2; **6.** a = 3 / b = 2 / c = 1

Auswertung: 16–14 Punkte = echter Muffel. Du hast oft schlechte Laune und bist nicht so oft lustig. Was ist los? Wenn du freundlicher bist, hast du auch mehr Spaß! Versuch es mal! **13–10 Punkte** = Heute so, morgen so! Manchmal hast du gute Laune. Manchmal bist du schnell sauer. Sei ab und zu optimistischer! **9–6 Punkte** = Du bist ein Sonnenschein. Meistens hast du gute Laune und siehst das Positive! Weiter so. Deine gute Laune macht dir und deinen Freunden Spaß!

1 „Modemacher" Katia und Lukas

Katia macht ...

Lukas macht ...

a Schaut die Bilder und Texte kurz an. Was machen die beiden?

b Katia oder Lukas? – Lest zuerst 1–6 und dann die Texte. Beantwortet die Fragen.

Wer ...
1. ... macht verschiedene Modelle?
2. ... bekommt Geld für die Arbeit?
3. ... lässt die Freunde auswählen?
4. ... ist in der Schule besonders populär?
5. ... braucht viele Farben?
6. ... arbeitet mit Buntstiften?

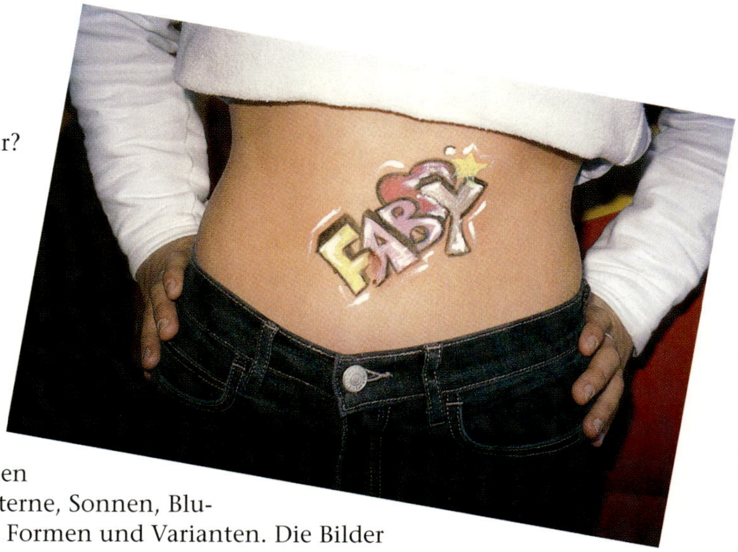

Katia ist 14. Sie mag Musik, geht gerne ins Kino und interessiert sich für Mode. Katia macht sogar Mode, aber nicht zum Anziehen, also keine Tops, Pullis oder Blusen. Sie macht Tattoos. Katia zeichnet ihre Modelle zuerst auf Papier, sodass ihre Freunde auswählen können, was ihnen am besten gefällt. Sterne, Sonnen, Blumen, Symbole und Buchstaben in allen Formen und Varianten. Die Bilder malt Katia dann mit speziellen Buntstiften auf den Körper und natürlich sind die Tattoos nicht für immer: drei- bis viermal duschen und schon sind sie weg. Bei ihren Freunden ist Katia absolut „in". Alle wollen ein Tattoo von ihr: auf den Rücken, auf die Schulter oder ganz einfach auf die Hand. Der größte Hit? Herzen und Namen auf dem Bauch.

Das Hobby von Lukas (14) sind brasilianische Armbänder. Er trägt sie aber nicht nur, er macht sie auch! Diese bunten Armbänder sind ca. 18 cm lang. Für die Arbeit braucht er zwei bis drei Stunden. Manchmal geht es auch ein wenig schneller, aber besonders bei vielen Farben muss man sehr aufpassen, weil man leicht Fehler macht und die Farben durcheinander kommen. Einmal im Monat bringt Lukas seine neuen Modelle in die Schule und verkauft sie seinen Schulfreunden. Ein einfaches Armband, das nur zwei Farben hat, kostet 3 Euro, ein komplizierteres Modell, mit vier bis sechs Farben 4 Euro und ein Modell nach Wunsch, mit selbst ausgewählten Farben und Designs, kostet fünf Euro. Zwischen zehn und zwanzig Stück verkauft Lukas fast immer. Ein schönes Taschengeld!

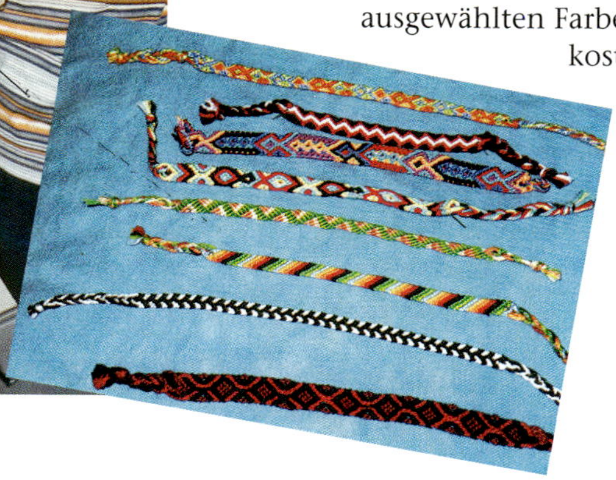

2 „Mein Liebling" – Bringt je ein Foto von eurem „Top-Star" mit. Schreibt einen kurzen Text dazu. Nennt aber den Namen des Stars nicht. Hängt die Bilder und Texte getrennt im Klassenzimmer auf. Wer findet das Foto zum Text?

Er/Sie macht/spielt/singt / kommt aus …
Er/Sie trägt gern …
Er/Sie hat lange/kurze/blonde/ schwarze … Haare …
Er/Sie hat … Augen.
Er/Sie ist … alt/groß/…
Sein/Ihr …

3 Was ist *in* oder *out*? – Macht eure Liste zu zweit und vergleicht in der Klasse.

gestreift/kariert
rot/grün
Eis essen
romantische Filme
Actionfilme
Inline-Skater
SMS
Sonnenbrillen
…

Diese Liste haben wir im Internet gefunden:

👎	👍
1. Sonnenstudios	*1. Tattoos*
2. Attack (Computerspiel)	*2. Hausaufgaben zusammen machen*
3. karierte Hosen	*3. Eis essen*
4. Teletubbys	*4. Ferien zu Hause*

4 Conny in den Ferien – Wem schreibt sie? Wem bringt sie etwas mit?

1. Freundin: eine/bunt/Postkarte
2. Freund: einen/lang/Brief
3. Mutter: ein/schön/T-Shirt
4. Vater: eine/modern/Krawatte
5. Hund: einen/dick/Hamburger
6. Opa: eine/gut/ Flasche Wein
7. Oma: ein/interessant/Buch
8. Bruder: eine/neu/CD

Ihrer Freundin schreibt sie eine …

5 Thema „Essen" – Was isst und trinkst du wann am liebsten? Notiere die Adjektivendungen.

1. Morgens: eine groß___ Tasse heiß___ Tee.
2. Vor dem Kino: eine eiskalt___ Cola und eine groß___ Tüte Popcorn.
3. In der Pause: ein dick___ Käsesandwich und eine klein___ Milch.
4. Abends: ein groß___ Schnitzel und eine groß___ Kartoffel.
5. Nach dem Sport: eine groß___ Flasche Mineralwasser oder einen frisch___ Orangensaft.

6 Finde die passenden Zahlen und lies den Text mit den Zahlen vor.

60 cm – 1,6 km – 493,87 m – 630 kg – 1111 m – 207000 – 2503 kg – 19,5 m

Einen Kilometer Bratwurst bitte!

Die längste Thüringer Bratwurst der Welt kommt aus Erfurt. 1991 produzierte ein Metzger dort die ___ lange Superwurst, das ist ca. 500 m länger als die größte Fleischwurst (___ m lang), die 1991 auch in Deutschland produziert wurde. Wie groß der Grill war, ist nicht bekannt. Der längste Grill der Welt kommt aber aus Spanien: Er war ___ Meter lang. Zu kurz für die Bratwurst und die Fleischwurst. Auf dem Grill hat man übrigens ___ Schnecken gegrillt. Die Fleischwurst war übrigens viel länger als die längste Salami, die war nämlich nur ___ lang, ___ Zentimeter dick, und kam aus Ottobrunn in Bayern. Ihr Gewicht war ___. Viel schwerer war der dickste Hamburger, der mit ___ – natürlich – aus den USA kam.

7 Thema „Sport" – Lest den Text.

a Welche Sportarten kommen in Deutschland am häufigsten im Fernsehen?

Fußball am beliebtesten

Fußball ist Deutschlands beliebteste Sportart. Das sieht auch am Fernsehprogramm. Dort wird Fußball am häufigsten und am längsten übertragen. Insgesamt zeigten alle deutschen Fernsehsender im vergangenen Jahr 4748 Stunden lang Fußball. Das sind fast 198 Tage. Auf Platz 2 liegt Tennis (1342 Stunden), auf Platz 3 Autorennen (1126 Stunden).

Quelle: *www.sowieso.de*

b Und wie ist das bei euch?

8 Schreiben: Themen „Kleidung", „Essen" oder „Sport"

- Sammelt Meinungen in der Klasse: populär/unpopulär, *in/out*
- Notiert Stichwörter.
- Schreibt einen kleinen Artikel für die Schülerzeitung.

Klasse 8b: Die aktuelle IN/OUT-Liste

... die meisten Schüler mögen/spielen / ...

Viele finden ... gut / am besten / nicht so gut ...

Am beliebtesten ist ...

Auf Platz 2 liegt ...

Niemand mag im Moment ...

9 Ein internationales Rezept: Arme Ritter

Für vier Personen braucht ihr:
1 Schüssel
1 Pfanne
4 bis 6 Brötchen (1–2 Tage alt)
2 Eier
1/2 Liter Milch
2 Esslöffel Zucker
1/2 Päckchen Vanillezucker
5 Esslöffel Paniermehl
2 Esslöffel Margarine
und Zimt

10 Was ist logisch? – Bringt die Aktivitäten in die richtige Reihenfolge.

Und so wird's gemacht:
1. Die Brötchen aus dem Teig nehmen und im Paniermehl rollen.
2. Die Brötchen durchschneiden.
3. Die Brötchen in der Pfanne auf jeder Seite braten, bis sie goldgelb sind.
4. Die Brötchen zehn Minuten in den Teig legen.
5. Die Margarine in der Pfanne heiß machen.
6. Für den Teig: die Eier, die Milch, den Zucker und den Vanillezucker verrühren.

Am besten schmecken die Armen Ritter mit Zucker und Zimt. Dafür einen Teelöffel Zimt und zwei Teelöffel Zucker mischen. Alternative: Marmelade.

Guten Appetit!!
Tipp 1: Du kannst auch altes Weißbrot nehmen.
Tipp 2: Es geht auch ohne Paniermehl.

11 Komisch – Lest das Rezept noch einmal und hört den Text. Boris hat zwei Fehler gemacht. Welche?

39

12 Tipps fürs Leben – Wählt aus und notiert die Tipps.

Was tun, wenn …
… man schlechte Laune hat?
… drei Kilo zu viel hat?
… es den ganzen Sonntag regnet?
… kein Geld für Kleidung, aber Lust zum Einkaufen hat?
… man sich am Wochenende langweilt?
… man die Hausaufgaben nicht gemacht hat?
… man einen Termin mit Freunden vergessen hat?

… anrufen, sich entschuldigen und einen neuen Vorschlag machen.
… ins Kino gehen und einen tollen Film ansehen.
… zwei Tage Salat essen.
… einen witzigen Film im Fernsehen anschauen.
… Freunde zum Tee einladen und Monopoly spielen.
… mal wieder Sport treiben.
…

Wenn man schlechte Laune hat, (dann) kann man …

13 Ich bin nicht gern allein

a Ergänzt: Mit wem ist Flavia gern zusammen?

1. ins Kino gehen	ihr Freund Claudio
2. einen Wochenendausflug	ihre Familie
3. Tennis spielen	ihre Freundin Astrid
4. Fahrrad reparieren	ihr Bruder
5. Gitarre spielen üben	ihre Musiklehrerin Frau Schneider
6. schön essen gehen	ihre Eltern
7. Partys feiern	ihre Clique
8. Vokabeln lernen	ihr Computer
9. schmusen	ihr Hund „Rocker"

Ins Kino geht sie am liebsten mit ihrem Freund Claudio.

Mit ihrer Familie …

b Und ihr? Schreibt fünf Sätze auf.

Ins Kino gehe ich am liebsten mit …
Mit meiner Freundin …

14 Fragen über Astrid – Beantwortet sie und wählt die richtige Präposition aus. Achtet auf den Kasus.

1. Von wem ist die Postkarte?	ihre Tante Irene
2. Mit wem geht Astrid am liebsten spazieren?	ihr Hund Astro
3. Woher kommt Astrid?	eine Kleinstadt
4. Wohin fliegen ihre Eltern in den Ferien?	der Süden
5. Wohin fährt sie in den Ferien am liebsten?	ihre Großeltern
6. Wie lange sucht sie ihren Hund schon?	eine Stunde

1. Von ihrer Tante

AUSSPRACHE

15 Sprechübung – Hört das Gedicht. Wählt dann eine Strophe aus und übt sie zu zweit. Tragt die Strophe laut und langsam vor.

40

Mira Lobe: Sprechübungen für angehende Schauspieler

Es sprach ein Aal
im Futteral:
Der Saal ist kahl.
Zum letzten Mal
grüß ich im Tal
den Pfahl aus Stahl.

Man kann Kamelen nicht befehlen,
zu Allerseelen Mehl zu stehlen.

Es steht ein Reh im Schnee am See.
Mir tut es in der Seele weh,
wenn ich das Reh im Schnee stehn seh.

„Sei lieb und gib
mir ein Glas Bier!"
So sagt der Stier
um Viertel vier
und schielt zu dir.
Schilt nicht das Tier,
es liebt das Bier.
Die Milch kriegt ihr.

Sollen Drohnen auf Thronen wohnen?
Soll man sie mit Kronen belohnen?
Oder soll man auf die Drohnen
Bohnen schießen aus Kanonen?

Hör zu:
Das U
ist manchmal kurz
wie ein Sturz.
Manchmal aber sehnt es sich,
dann dehnt es sich,
dann passt ihm kein Schuh
und es gibt keine Ruh
und brüllt Muuh
mit der Kuh.

LERNEN MIT SYSTEM

16 Zwei Mini-Dramen – vier Personen – vier Versionen

41

Wählt ein Drama aus und übt vier Versionen.
Ein Schüler ist Regisseur.

1. Alle Mitspieler flüstern.
2. Alle Mitspieler schreien.
3. Alle Mitspieler sprechen traurig und weinen.
4. Alle Mitspieler sprechen lachend.

Drama 1

● Mama, Mama, ich hab so Bauchweh!
○ Ogottogott, ich ruf den Arzt, mein Kind.
(Arzt kommt, tatütata)
▼ Guten Abend, was hat es denn?
● Herr Doktor, ich hab so Bauchweh.
▼ Ogottogott, wir fahren sofort ins Krankenhaus.

Drama 2

● Banküberfall! Geben Sie das Geld heraus!
○ Wie hätten Sie es denn gerne?
● Sie spinnen wohl! Das ist ein Überfall!
○ Na gut, haben Sie eine Tasche?
● Nein, wieso?
○ Auch gut, dann telefoniere ich mit der Zentrale. Die haben Taschen.

Einstein und die falsche Fährte

1 **Seht euch das Bild an und beschreibt die Situation. Lest dann die Geschichte bis Zeile 30.**

Montagmorgen, 10 Uhr 45. Biologie war gerade zu Ende. Dr. Schmidt wischte die Tafel ab. Alle Schülerinnen und Schüler der Klasse 8b rannten in die Pause. Alle? Nein, nicht alle. Albert Neumann saß immer noch an seinem Tisch. Dr. Schmidt war fertig und packte seine Tasche. Er schaute noch einmal in das Klassenzimmer.

„Einstein? Was ist los? Machst du heute keine Pause?"
Albert Neumann war 13, klein, etwas dick und trug eine Brille. Er war ein Genie in Mathe und am Computer. Deshalb nannten ihn alle „Einstein". Sein bester Freund hieß Olli. Er ging auch in die Klasse 8b. Olli war schon 14 und ziemlich verliebt.
„Äh, Herr Schmidt, kann ich mit Ihnen reden … vertraulich?"
„Vertraulich? Klar. Warte mal."
Dr. Schmidt schloss die Tür, setzte sich auf das Pult und packte sein Pausenbrot aus.

„Na dann mal los, Einstein."
„Vorgestern bin ich mit Olli in die Stadt gegangen. Wir waren im *Mediamarkt*. Wir haben uns neue CDs angehört und ein paar Computerspiele ausprobiert. Um drei Uhr musste Olli plötzlich weg. Er hat nicht gesagt, wohin er musste. Aber wir haben uns später verabredet, so um vier Uhr vor dem Internetcafé. Ich war schon vor vier da, aber Olli ist nicht gekommen. Ich habe fast noch eine Stunde gewartet, dann hatte ich keine Lust mehr."

„Und wo ist das Problem?" Dr. Schmidt packte sein zweites Pausenbrot aus und schaute Einstein neugierig an.
„Moment! Also, ich bin zum Bus gegangen und hab noch ein bisschen gewartet. Die Bushaltestelle ist gegenüber vom Museum. Also, ich hab gewartet und dann konnte ich Olli sehen. Olli und zwei Typen. Und die sind ins Museum gegangen! Olli war noch nie in seinem Leben im Museum. Und Olli war irgendwie komisch …"

2 In welcher Zeile findet ihr die Information? Notiert die Zeilen.

1. Sie nennen Albert „Einstein", weil er sehr gut rechnen kann.
2. Einstein will allein mit Herrn Schmidt sprechen.
3. Einstein und Olli haben Musik angehört und Computer gespielt.
4. In der Pause ist Dr. Schmidt immer hungrig.
5. Olli hat auf Einstein gewartet.

3 Die Antworten auf diese Fragen findet ihr im Text. Lest die Textstellen vor.

1. Warum bleibt Einstein in der Klasse?
2. Wo waren Einstein und Olli?
3. Warum ist Einstein um fünf gegangen?
4. Warum hat er sich über Olli gewundert?

Einstein ist in der Klasse geblieben, weil ...

4 Die Antworten auf diese Fragen findet ihr nicht im Text. Besprecht die Fragen in der Klasse: Habt Ihr Ideen? Lest dann weiter.

1. Warum war Olli im Museum?
2. Warum will Einstein mit Dr. Schmidt allein reden?
3. Wo ist das Problem?

„Ich verstehe immer noch nicht, was ...?" Dr. Schmidt legte sein Pausenbrot weg.
„Vielleicht verstehen Sie mich jetzt. Hier ist die Zeitung von gestern."
Einstein holte aus seiner Schultasche einen Zeitungsbericht:

Diebstahl im Stadtmuseum

(eB) Wie die Polizei mitteilte, wurden gestern aus dem Stadtmuseum wertvolle Goldmünzen gestohlen. Die Täter kamen kurz vor fünf Uhr, vermutete der Direktor des Museums, Dr. Bornebusch. Als er um fünf Uhr den Saal kontrollierte, waren die Münzen noch da. Erst nach fünf entdeckte die Aufsicht den Diebstahl. Der Glasschrank war offen und die Münzen waren weg. Ein Polizeisprecher: Ein mysteriöser Fall. Es gibt keine Spuren.

„Hm, ja, ich hab's heute Morgen im Radio gehört." Dr. Schmidt gab Einstein den Zeitungsbericht zurück. „Jetzt verstehe ich dein Problem. Du meinst, Olli ..."

„Eine Kleinigkeit fehlt noch. Aber ich weiß nicht genau, wie wichtig sie ist."
„Keine Angst, Einstein. Los, erzähl mir die ganze Geschichte."
„Also gestern in der Pause, äh, also Olli und Jessica ..."
„Das weiß doch die ganze Schule, dass Olli in Jessica verliebt ist. Ich weiß Bescheid, Einstein."
„Ja, also, Olli hat Jessica ein Geschenk mitgebracht. Einen Minidisc-Player ..."
„Oh!" Dr. Schmidt pfiff durch die Zähne. „Ganz schön teuer!"
„Genau! Und was machen wir jetzt, Herr Schmidt?"
Dr. Schmidt ging ans Fenster und schaute auf den Pausenhof. In einer Ecke sah er Olli und Jessica.
„Tja, was machen wir jetzt? Ich schlage vor, wir denken erst mal nach."

5 Das ist bis jetzt passiert – Ordnet die Sätze und lest dann den Text vor.

1. Dort steht: Diebstahl im Museum.
2. Er erzählt, dass er mit Olli im *Mediamarkt* war.
3. Dann erzählt Einstein noch über Ollis teures Geschenk für Jessica.
4. Dr. Schmidt versteht das Problem nicht, dann zeigt ihm Einstein die Zeitung.
5. Danach wollten sie in das Internetcafé.
6. Einstein wartete vergeblich auf Olli.
7. Zum Schluss haben beide einen Verdacht.
8. Einstein will etwas über Olli erzählen.
9. In der Pause bleiben Dr. Schmidt und Einstein allein in der Klasse.

In der Pause bleiben Dr. Schmidt und Einstein allein in der Klasse.

42

6 Diebstahl im Museum – Hört die Radiomeldung. Welche Informationen sind neu?

7 Warum ist Olli verdächtig? Sammelt drei Gründe.

1. Olli war verabredet, aber er kam nicht.
2. Olli …

Dr. Schmidt schaute eine Weile auf den Hof und drehte sich dann langsam um. „Albert", sagte er und schaute ihn mit großen Augen an, „Olli ist dein Freund, glaubst du wirklich, dass er in einem Museum Münzen stiehlt?"
„Nein, eigentlich nicht. Aber er ist so komisch, seit er mit Jessica zusammen ist. Ich weiß es wirklich nicht. Meinen Sie, dass wir die Polizei informieren müssen?"

Dr. Schmidt hatte das zweite Pausenbrot wieder in der Hand. Er legte es noch einmal zurück auf das Pult und dachte einen Moment nach. Den Hunger hatte er jetzt vergessen.
„Nein, wir wissen eigentlich nichts. Du hast einen Verdacht. Du musst versuchen, mit Olli zu sprechen. Hör dir an, was er sagt. Ich gehe ins Museum und rede mit dem Direktor. Vielleicht hat er noch eine Information, die uns hilft. Wir treffen uns um vier an der Bushaltestelle vor dem Museum, wo du gestern warst."

Albert war froh über sein Gespräch mit Dr. Schmidt. Er lief die Treppe runter in den Pausenhof. „Olli", ich muss mit dir reden. „Es ist ganz wichtig!" – „Einstein, du nervst. Jetzt nicht. Wir reden nach dem Unterricht." Es klingelte. Jessica und Olli lachten und liefen sofort zurück in die Klasse. Albert rief: „Ich warte auf dich!" Aber es kam anders. Albert wartete nach dem Unterricht an der Schultür. Nach 20 Minuten ging er nach Hause. „So ein Mist!", rief er und dachte: „Das ist oberfaul. Sehr verdächtig!"

Um Viertel nach drei kam Dr. Schmidt mit dem Bus am Museum an. Er musste herausfinden, was der Direktor wusste. Er kannte ihn aus dem Kegelklub und ging gleich in sein Büro. „Hallo, Peter, Mensch, was lese ich da in der Zeitung? Ein Diebstahl, hier bei euch? Es ist ja unglaublich! Wisst ihr schon was? Habt ihr den Täter schon?"

„Hallo, Erwin. Nein, wir stehen vor einem Rätsel. Ich habe um fünf noch eine Runde gemacht. Da war noch alles in Ordnung. Um halb sechs wollten wir schließen und da haben wir entdeckt, dass die Münzen weg waren."

„Hattet ihr vorgestern viele Besucher?"

„Eigentlich nicht, ein Schüler war hier mit zwei Amerikanern und eine kleine japanische Reisegruppe. Die amerikanischen Touristen und der Schüler sind gegen fünf gegangen. Die Polizei sucht sie noch. Die Aufsicht hat 14 Personen gezählt."

„Aufsicht? Wer ist das?"

„Ein junger Mann aus Kassel. Er arbeitet halbtags hier, von eins bis halb sechs, während der Hochsaison bis Ende August. Er ist seit gestern krank."

„Na ja, Peter! Ich wünsche euch viel Glück. Wir sehen uns am Samstag im Klub, oder?"

Dr. Schmidt hatte es plötzlich eilig. Vor dem Museum wartete Albert Neumann. Dr. Schmidt fragte sofort: „Was hat Olli gesagt?" „Olli? Keine Chance, er war schon weg. Der hat doch nur noch Augen und Ohren für Jessica. Der ist doch nicht mehr normal."

Dann berichtete ihm Dr. Schmidt von dem Gespräch mit dem Museumsdirektor. Albert Neumann putzte seine Brille und dachte intensiv nach. Plötzlich setzte er die Brille wieder auf: „Ich glaube, ich hab's! Die Sache ist glasklar!" Albert und Dr. Schmidt schauten sich an. Sie dachten beide das Gleiche. Wenn die Münzen um fünf noch im Museum waren, dann gab es nur eine Möglichkeit.

8 **Albert Neumann und Dr. Schmidt wissen, was passiert ist. Ihr auch? Teilt die Arbeit auf und berichtet.**

Was wissen wir über die Personen?

Olli | die Aufsicht | der Museumsdirektor

9 **Habt ihr die Lösung? Vergleicht eure Ergebnisse.**

Ich glaube ...

Nein, ich glaube ...

Vielleicht hat Olli ...

Es kann sein, dass ...

10 **Der Fall ist gelöst – Hört die Radiomeldung. Wo sind die Münzen jetzt?**

Verben in der Vergangenheit

11 **Wiederholung – Das Präteritum von *sein, haben, müssen* und *können* kennt ihr. Sammelt die Formen an der Tafel.**

	sein	haben	können
ich	war	hatte	konnte
du			

12 **Präteritum regelmäßiger Verben**

a Auf Seite 66 findet ihr auch die Präteritumformen dieser Verben. Ergänzt die Regel.

ich/er/es/sie

pack[?]
wisch[?]
setz[?]
schau[?]
} Endung immer [?]

wir/sie

pack[?]
wisch[?]
setz[?]
schau[?]
} Endung immer [?]

Die Formen von *du* und *ihr* braucht ihr hier nicht.

b In der Zeitungsnotiz gibt es noch vier regelmäßige Formen. Findet ihr sie?

13 **Diese Verben sind unregelmäßig. Findet ihre Präteritumformen auf S. 66 und sammelt an der Tafel.**

sitzen – schließen – rennen – nennen – gehen – heißen

sitzt	saß	rennt	r__nnte
heißt	h__	nennt	n__
schließt	schl__	geht	g__

14 **Verbformen in der Wortliste – Sucht die Präteritumformen dieser Verben und schreibt Lernkarten.**

tragen – pfeifen – laufen – kommen – geben – rufen

tragen
er trug
er hat getragen

laufen
er lief
er ist gelaufen

15 Verbformen lernen

Unregelmäßige Verbformen mit Rhythmus lernen: Infinitiv – Präteritum – Partizip II. **Lerntipp**

16 Grammatik hören – Schreibt die Verben ab und hört dann zu. Wo stehen die Verben im Text? Lest dann die Meldung mit den Verben im Präsens vor.

44

bekamen – blieb – durfte – fuhr – gab – gingen – konzentrierte – lagen – machte – riefen an – schloss

Nach dem Diebstahl von wertvollen Goldmünzen ① das Stadtmuseum heute geschlossen. Der Direktor ② keine Informationen an die Presse. Niemand ③ in sein Büro. Viele Journalisten ④ ihn an, aber sie ⑤ keine Antwort. Bekannt ist nur: Als der Direktor um fünf eine Runde durch sein Museum ⑥, ⑦ die Münzen noch im Schrank. Die letzten Besucher ⑧ um fünf. Danach ⑨ der Direktor zu und ⑩ nach Hause. Die Polizei ⑪ sich zunächst auf eine Touristengruppe.

17 Offene Fragen – Lest den Text, hört das Telefonat und beantwortet die zwei Fragen im Text.

45

Albert Neumann war hundemüde. Ein langer Tag. Er dachte nach. Olli war unschuldig. Das war klar. Aber woher kam das Geld für das Geschenk? Und warum wollte Olli nicht mit ihm sprechen? Im Bett las er noch ein bisschen. Nach zwei Seiten schlief er ein. Plötzlich klingelte das Telefon.

Meine vier Wände

1 **Julians Zimmer – Sieh das Foto an. Welche Gegenstände und Möbelstücke kennst du schon auf Deutsch? Was ist neu?**

das Bett die Matratze das Bild der Papierkorb das Poster	die Kommode die Schublade die Lampe der Schrank das Regal	der Stuhl der Tisch der Schreibtisch der Sessel das Sofa	das Fenster die Tapete der Teppich die Tür die Wand

2 **Was ist/steht/hängt/liegt wo? Ordnet die Gegenstände.**

auf dem Boden	an der Wand	an der Decke
der Schreibtisch		

46

3 **Julian beschreibt sein Zimmer – Seht euch das Foto genau an und hört zu.**

4 Die Diamantensuche

Stell dir vor, du hast einen Diamanten im Zimmer von Julian versteckt. Schreibe auf, wo er liegt. Die anderen müssen raten.

- Ist er hinter dem Schreibtisch? ○ Nein
- Im Regal? ○ Nein

Ort ● Dativ
- auf **dem** Schrank (der)
- hinter **dem** Regal (das)
- in **der** Kommode (die)

5 Was hast du in deinem Zimmer? Was hast du nicht? Wo ist was? Was findest du interessant im Zimmer von Julian?

Mein Schreibtisch steht vor dem Fenster.

Ich habe keinen Computer.

6 Das eigene Zimmer – Lest zuerst den Text. Dreht dann das Buch um: Könnt ihr mit den Stichwörtern rechts den Text zusammenfassen?

Das eigene Zimmer: Viele Jugendliche in Deutschland haben schon sehr früh ein eigenes Zimmer oder ein Zimmer, das sie mit ihren Geschwistern teilen. Sie machen dort ihre Hausaufgaben, sehen fern oder hören Musik oder sie bekommen Besuch von ihren Freunden. Ein Problem ist die Ordnung. Wenn das Chaos zu groß wird, bekommen die Kinder Ärger mit ihren Eltern. Ein eigenes Zimmer heißt, dass die Wohnung ziemlich groß sein muss, und das kann in Deutschland ziemlich viel Miete kosten.

Viele Jugendliche / D /
eigenes Zimmer
Hausaufgaben / fernsehen /
Musik hören / Freunde
Problem: Ordnung
Ärger mit Eltern
Wenn eigenes Zimmer:
Wohnung groß / teuer

Lerntipp: Stichwörter zu einem Text notieren hilft beim Zusammenfassen von Texten.

7 Ordnung ist das halbe Leben – Chaos ist das ganze! Oder: Wohin mit den Sachen? Was sagen deine Eltern oft?

legen machen stellen bringen hängen …	Schuhe, Bücher, CDs, Kleider, Bleistifte, Hefte, Disketten, Fische, Poster, Jacke, Schultasche …	in auf unter hinter	das Regal der Schreibtisch die Kommode die Schublade das Aquarium …

Richtung → Akkusativ
→ **auf den** Schrank (der)
→ **hinter das** Regal (das)
→ **in die** Kommode (die)

Häng deine Jacke in den Schrank!

Häng deine Poster …

Stell deine Bücher endlich ins …

Unsere Wohnung – unser Haus

8 Wohnungen

1

2

a Lest die Texte und ordnet die Fotos den Texten zu. Was hat euch geholfen?

a Nikola: Mir gefällt unsere Wohnung überhaupt nicht. Wir wohnen seit einem Jahr in einem Hochhaus, das direkt an einer Hauptstraße liegt. Die Miete ist zwar nicht so hoch, aber es ist immer sehr laut und ich kenne im Haus niemand. Hier wohnen fast 300 Leute.

c Alexandra: Ich wohne mit meiner Mutter zur Miete in einem Altbau mit vier Stockwerken. Die Wohnung ist nicht billig, aber auch sehr groß. Sie hat 140 Quadratmeter und ist sehr schön. Wir haben auch einen Balkon, der nach hinten zum Hof geht, und unsere Nachbarn sind sehr nett.

b Elin: Wir wohnen auf dem Dorf in einem kleinen, alten Fachwerkhaus, das mein Vater ein Jahr lang renoviert hat. Die Zimmer sind zwar sehr klein, aber es ist gemütlich.

d Patrick: Wir wohnen in einem alten Bahnhof. Aber jetzt gibt es da keine Züge mehr, nur einen Sonderzug, der immer am Sonntag vorbeifährt. Mein Zimmer ist da, wo man früher die Fahrkarten verkauft hat. Ich bekomme oft Besuch von Freunden, die das Haus sehen wollen.

b Zu welchem Text aus 8a passen die Aussagen?

1. Die wollen alle sehen, wo ich wohne.
2. Wir wohnen im zweiten Stock.
3. Die Wohnung ist billig.
4. Jetzt sieht es wieder aus wie neu.
5. Hoffentlich ziehen wir bald um.
6. Wir haben viel Platz.

9 Die Clique zu Besuch – Schaut euch den Plan an und hört zu. Welche Zimmer sind das?

47

im -zimmer/Keller/Bad/Flur
in der Küche/Toilette
auf dem Balkon

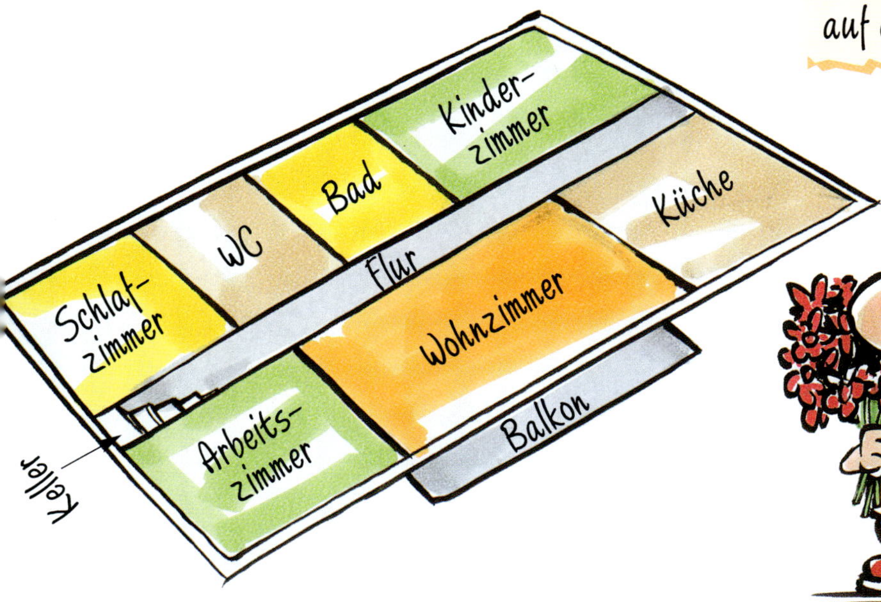

Informationen verbinden: Relativsätze

10 Lest die Sätze und vergleicht mit den Texten in Aufgabe 8. Was ist anders?

1. Nikola wohnt in einem Hochhaus. Das Hochhaus liegt direkt an einer Hauptstraße.
2. Elin wohnt in einem Fachwerkhaus. Das Fachwerkhaus hat ihr Vater renoviert.
3. Die Wohnung von Alexandra und ihrer Mutter hat einen Balkon. Er geht nach hinten zum Hof.
4. Patrick bekommt oft Besuch von Freunden. Die Freunde wollen das Haus sehen.

Hauptsatz	Hauptsatz
Peter wohnt in einem Hochhaus.	Das Hochhaus liegt direkt an einer Hauptstraße.
Hauptsatz	Relativpronomen + Nebensatz
Peter wohnt in einem Hochhaus,	das direkt an einer Hauptstraße liegt.

Die Relativpronomen sehen genauso aus wie die bestimmten Artikel:

Nominativ: *der, das, die,* Plural: *die*   **A**kkusativ: *den, das, die,* Plural: *die*

11 Was passt zusammen? Verbindet die Sätze 1–4 und a–d mit Relativpronomen.

a **N**ominativ: *der, das, die*

1. Ich habe ein schönes Zimmer.
2. In der 7a gibt es 25 Schüler.
3. Anna hat eine Freundin gefunden.
4. Peter hat einen neuen Computer.

a) Sie sind alle sehr gut in Mathe.
b) Es ist aber sehr klein.
c) Er war aber schon dreimal kaputt.
d) Sie ist sehr nett.

Ich habe ein schönes Zimmer, das aber ...

b **A**kkusativ: *den, das, die*

1. Ich habe den Schlüssel gefunden.
2. Hast du die Fotos bekommen?
3. Herbie mag den schwarzen Pullover.
4. Wo ist das T-Shirt?

a) Ich habe sie auf der Party gemacht.
b) Ich habe es in Berlin gekauft.
c) Ich habe ihn die ganze Woche gesucht.
d) Er hat ihn zum Geburtstag bekommen.

Ich habe den Schlüssel gefunden, den ...

12 **N**ominativ (*der*) oder **A**kkusativ (*den*) – Worauf musst du achten?

1. Das ist der neue Computer,
2. Das ist der Bus,
3. Herr Schmidt ist ein Mathelehrer,

? alles kann.
? nie pünktlich kommt.
? immer gute Noten gibt.

? ich gestern gekauft habe.
? ich immer verpasse.
? alle mögen.

13 Relativsatz im Hauptsatz – Baut in die Sätze 1–5 die Informationen a–e ein.

1. Der Computer, ?, ist kaputt.
2. Der Student, ?, hört immer laute Musik.
3. Das Fach, ?, ist Mathe.
4. Wann gibst du mir die CDs, ?, zurück?
5. Der Film, ?, war langweilig.

a) die ich dir geliehen habe
b) das ich am meisten hasse
c) der bei uns im zweiten Stock wohnt
d) den ich gestern im Fernsehen gesehen habe
e) den ich erst letzte Woche gekauft habe

14 Wie gut kennt ihr euch? – Schreibt Aussagen auf einen Zettel und lest sie vor wie im Beispiel. Die anderen raten.

Er trägt immer eine Mütze.

Sie isst in der Pause Bananen.

Er weiß alles.

Wer ist der Junge, der immer eine Mütze trägt?

Boris!

15 Immer diese Nachbarn!
Seht die Zeichnung an und schreibt einen Beschwerdebrief an den Hausbesitzer.

Das Baby, das die Familie im 2. Stock hat, …
Der Hund, der über der Studentin …
Das Ehepaar, das …
Die Leute, die …
Die Studentin, die …
…

Sehr geehrter Herr …,
leider gibt es im Haus Probleme.
Das …

Taschengeld – wie viel, wofür?

1 Woran denkst du beim Thema Taschengeld?

2 Thema „Taschengeld" – Lest die Texte und beantwortet die Fragen.

Wer … … ist unzufrieden?
… bekommt auch etwas Taschengeld von den Großeltern?
… arbeitet am Wochenende?
… muss für die Kinokarten nicht selbst bezahlen?
… gibt sein Geld nicht komplett aus?
… hätte gerne fünf Euro mehr im Monat?
… hat genug Taschengeld, aber braucht nicht viel?

Mein Taschengeld reicht nie!
Ich finde, dass 15 Euro im Monat zu wenig sind. Ich hätte gern 20. Kino, Popcorn, Hamburger, alles ist teurer als früher. Alle anderen Jugendlichen bekommen mehr als ich. Wenn ich manchmal ein bisschen arbeite und Extra-Geld verdiene, reicht es gerade so. Am Sonntag zwischen acht und zehn trage ich manchmal Zeitungen aus. Wenn ich für mehr als zehn Euro im Monat telefoniere, muss ich es selbst bezahlen.
Markus, München, 14 Jahre

Eigentlich hab ich zu viel
Ich bekomme wöchentlich acht Franken. Wenn wir ins Kino oder essen gehen, bezahlen meine Eltern. Für meine Schulsachen zahlen sie sowieso. Deshalb spare ich das meiste Geld, das ich von meinen Eltern bekomme. Für Süßigkeiten, CDs usw. zahle ich selbst. Aber ich habe eigentlich gar keine Zeit für Einkäufe. Zu viele Hausaufgaben.
Manuel, Luzern, 13 Jahre

Wenn ich gute Noten schreibe, reicht es
Ich bekomme von meinen Eltern zwölf Euro monatlich. Für gute Noten bekommen ich Extra-Geld: für eine „2" zwei Euro und für eine „1" vier Euro. Deshalb reicht mein Taschengeld meistens. Wofür? Für die Süßigkeiten in der Schule und die Eisdiele am Samstagnachmittag. Wenn ich pleite bin, bekomme ich manchmal etwas von meiner Oma.
Monika, München, 14 Jahre

Es reicht nicht, aber es geht nicht anders
Unser Vater ist seit sechs Monaten arbeitslos. Das Geld, das ich von meinen Eltern bekomme, ist zu wenig. Das Geld für den Schulbus und acht Euro im Monat. Deshalb helfe ich mit meinem Bruder ab Freitagabend manchmal in einem Supermarkt aufräumen, sauber machen usw. Das sind dann noch mal 15 Euro pro Person. Das brauchen wir auch für Schulsachen, Kulis, Bleistifte usw.
Kerstin, Schwerin, 15 Jahre

48

3 Zwei Meinungen von Eltern – Hört zu. Wessen Eltern sind das?

Das sind die Eltern von …

4 Wofür muss das Taschengeld reichen? Was zahlen meistens die Eltern? Lest die Texte in Aufgabe 2 noch einmal. Und wie ist das bei euch?

5 Was sagen Eltern und Jugendliche über Taschengeld?

a Ordnet zu und lest vor.

1. Ich benutze Taschengeld nie als Belohnung oder Strafe und zahle regelmäßig und pünktlich.
2. Ich frage immer Freunde, wo etwas am billigsten ist.
3. Ich frage mich immer, was ich gleich brauche und was ich später kaufen kann.
4. Ich kontrolliere immer, was ich ausgebe. Ich schreibe alles auf.
5. Ich spare immer am Monatsanfang ein paar Euro.
6. Ich zahle immer den gleichen Betrag.
7. Kredite gebe ich nicht. Das Taschengeld muss reichen.

b Sammelt Aussagen zum Thema Taschengeld in der Klasse.

Ich finde, dass ...

Meine Eltern ...

Meine Oma ...

Ich habe nie genug Geld, weil ...

6 Schaut die Collage an und lest die Preisliste. Was ist bei euch teurer oder billiger?

Kinokarte	7,00 €
Handykarte	20,00 €
Straßenbahnkarte	1,40 €
Hamburger	2,40 €
CD	16,00 €
Jugendzeitschrift	1,30 €
Schwimmbad	1,90 €
Schokolade	0,90 €
Schulheft	1,00 €
Cola	0,50 €

7 Interview mit Udo und Felix – Lest den Text und hört dann das Interview. Notiert die Informationen, die nur im Hörtext sind.

49

Eigentlich ist Taschengeld kein Streitthema für sie, finden Udo und Felix. Felix bekommt sein Taschengeld regelmäßig auf sein Konto. Dafür hat er eine Karte. Mit dem Geld kann er machen, was er will. Was ist wichtig für die beiden? Man muss vergleichen, was die anderen in der Klasse bekommen. Udo meint, dass oft Eltern, die nicht viel Geld haben, den Kindern besonders viel Taschengeld zahlen. Schulsachen kaufen die Eltern. Dafür gibt Felix kein Geld aus, sagt er.

8 Wie viel ist zu viel? – Vergleicht die Tabelle mit den Aussagen auf Seite 78.

Deutschland (pro Monat)		**Schweiz** (pro Monat)	
10 Jahre	12,50 €	5.–6. Schuljahr	15–25 Franken
11 Jahre	15,00 €	7.–8. Schuljahr	25–35 Franken
12 Jahre	17,50 €	9.–10. Schuljahr	35–45 Franken
13 Jahre	20,00 €		
14 Jahre	22,50 €	Quellen:	www.eltern.de/
15 Jahre	25,00 €		www.asb-budget.ch

Tipps für mehr Taschengeld

9 Das Taschengeld aufbessern, aber wie?

a Erinnert ihr euch an Olli? Was macht er?

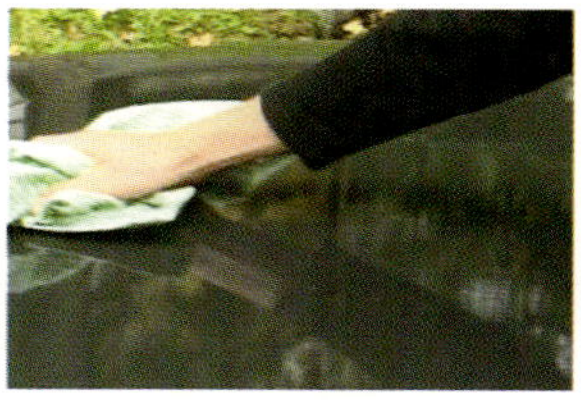
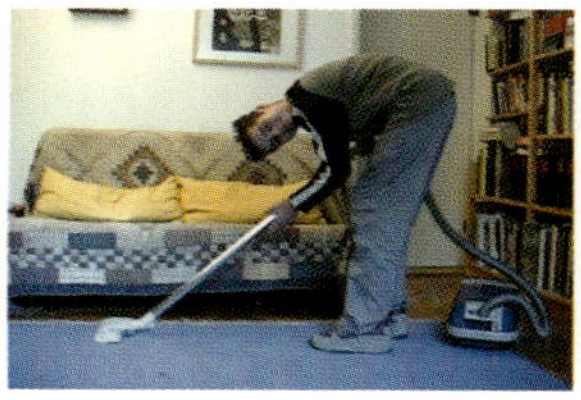

b Was macht ihr? Sammelt in der Klasse.

10 Gute und schlechte Tipps – Wie findet ihr sie?

Ja, man kann …

Spartipps

- Im Schwimmbad: 10er-Karten kaufen und mit anderen teilen.
- Tipps austauschen: Was ist wo am billigsten?
- Feilschen: In vielen Geschäften kann man Sachen auch billiger bekommen.
- Flohmärkte: Billige Dinge kaufen, die andere nicht mehr brauchen.

Das sollte man nicht tun!

- Vorsicht: Geld verdienen per Mausklick geht nicht!
- Keine Geschäfte im Internet!
- Auf Zeitungsanzeigen für „Superjobs“ nicht antworten!
- Bei Freunden Geld leihen? Nur im Notfall.

200 Euro
in 2 Stunden! Interessiert?
Ruf uns an: 01 90/6 78 87
(Min. 1,86 Euro)

11 Über Konsequenzen sprechen mit *deshalb*

a Vergleicht die Sätze.

Gründe	**Warum** arbeiten viele Jugendliche in den Ferien?	Sie arbeiten, **weil** sie zu wenig Taschengeld haben. Sie arbeiten für ein Extra-Taschengeld.
Konsequenzen	Viele Jugendliche haben zu wenig Taschengeld.	**Deshalb** arbeiten sie in den Ferien.

b Thema „Geld" – Ergänzt die Sätze.

1. Viele Schüler haben einen Job am Samstag. Deshalb haben sie keine Zeit für …
2. Viele Menschen müssen für ihren Urlaub sparen. Deshalb können sie nicht / kein …
3. Viele CDs sind sehr teuer. Deshalb …
4. Viele Eltern können nur wenig Taschengeld bezahlen. Deshalb …

…

c Thema „Schule": Schreibt weiter wie in b.

1. Viele Lehrer verstehen ihre Schüler nicht. Deshalb …
2. Tests sind meistens zu schwer. Deshalb …
3. Manche Schüler machen keine Hausaufgaben. Deshalb …
4. Es gibt zu viel/wenig …

…

12 *Wofür? Für wen?* – Vergleicht die Sätze. Was ist der Unterschied?

- ● **Wofür** arbeitest du jeden Samstag?
- ○ (Ich arbeite) **für ein neues Fahrrad**.

- ● **Für wen** hast du die CD gekauft?
- ○ (Die CD habe ich) **für meinen Vater** (gekauft).

13 *Wofür?* – Ergänzt und beantwortet die Fragen.

– Wofür lernst du so viel?
– Wofür sparst du?
– Für wen schreibst du Tagebuch?
– Wofür müssen wir …
– Wofür brauchst du …
– Für wen …
– Wofür …

(Ich lerne) für die Mathearbeit am Freitag.

14 Private Fragen – anonyme Antworten. Schreibt eure Antworten auf einen Zettel. Sammelt die Zettel ein. Lest die Antworten vor.

Wofür gibst du zu viel Geld aus?
Wofür hättest du gern mehr Geld?
Wofür gibst du nie Geld aus?
Wofür hast du nie Geld?

Für wen kaufst du gern Geschenke?
Für wen hast du immer Zeit?
Für wen arbeitest du gern?
Für wen gehst du durchs Feuer?

15 Über Zeit sprechen – Präpositionen *am/vor/um/nach/seit/von … bis*

Vor zehn Uhr darf ich fernsehen.
Um zehn muss ich ins Bett.
Ich darf nach 10 Uhr noch lesen.
Nach der Schule helfe ich meiner Mutter im Haushalt.
Vor dem Abendessen räume ich mein Zimmer auf.
Ich arbeite **von** Montag **bis** Freitag für die Schule.
Am Samstag trage ich Zeitungen aus.
Wir haben **vom** 1.7. **bis** zum 20.8. Sommerferien.
Seit 2003 gehe ich in die Goethe-Schule.
Ich arbeite **seit** zwei Wochen in einem Supermarkt.

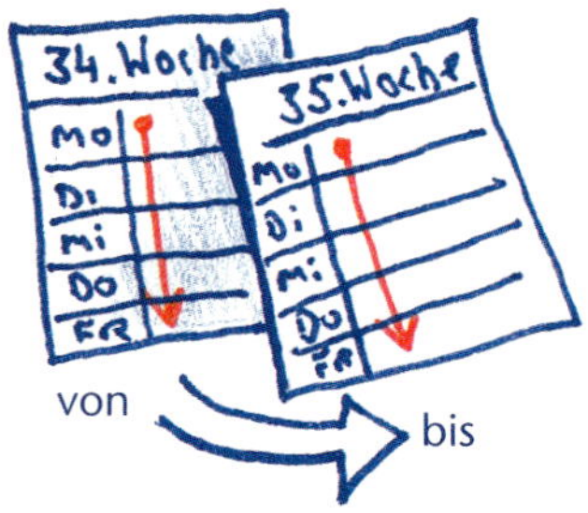

16 Und eure Zeit? – Sprecht in der Klasse.

Seit wann bist du auf dieser Schule?
Was machst du meistens nach den Hausaufgaben / am Samstag?
Wie lange und wie oft arbeitest du für Taschengeld?
Wann gehst du ins Bett?
Seit wann lernst du …
…

Nach der Schule …

Seit … Jahren.

Die SMS-Katastrophe – Eine wahre Geschichte

17 Was ist passiert?

a Schaut das Foto und die Rechnung an und sammelt Ideen.
b Überprüft danach eure Idee mit dem Text: Warum ist der Vater von Alice wütend?

D2-Rechnung

Erfassungszeitraum vom 08.01.2002 bis 07.02.2002

USt.-Satz	netto in EUR
16 %	13,20
	13,20
16 %	20,43
16 %	1,75
16 %	25,89
16 %	14,64
16 %	0,17
16 %	2,85
16 %	46,20
16 %	1,02
	112,95
	126,15

18 Im Text gibt es „Sprachbilder" – Wozu passen jeweils die Erläuterungen in der linken Spalte?

ist in Ordnung nicht in Ordnung schreit er plötzlich laut strengen uns an und arbeiten viel mit vielen verschiedenen Leuten ist wütend und nicht zu stoppen	Alice kommt aus der Schule nach Hause. Wenig Hausaufgaben. Schönes Wetter, langes Wochenende. Alles im grünen Bereich. Als sie die Wohnungstür aufmacht, merkt sie, dass etwas faul ist. Ihr Vater sitzt am Küchentisch und schaut sie wütend an. Bevor sie etwas sagen kann, platzt er und hält ihr den Brief vor die Nase: „Was denkst du dir eigentlich! Bist du wahnsinnig geworden? Schau dir das an! Deine Mutter und ich, wir legen uns den ganzen Tag krumm für dich und unsere Tochter hat nichts Besseres zu tun, als mit Gott und der Welt zu telefonieren. Internationale Telefonate, 1000 SMS, kannst du mir das erklären?!" Alice kapiert langsam. Die Telefonrechnung. Sie wird weiß im Gesicht, als sie auf die Zahlen schaut. 898 SMS vom 8.1. bis zum 7. 2. Auweia! Ihr Vater ist in Fahrt. „Glaubst du denn, ich kann das Geld selber drucken? 146 Euro! Das ist mehr als ein halbes Jahr Taschengeld. Wie willst du das bezahlen?" Normalerweise fällt ihr da ein Witz ein. Ihr Vater arbeitet in einer Druckerei. Aber das ist nicht der richtige Moment für Witze. „Bitte, Papa, reg dich nicht auf. Das ist furchtbar, aber ich kann das erklären."

19 Ausreden/Entschuldigungen/Begründungen – Was kann Alice sagen?

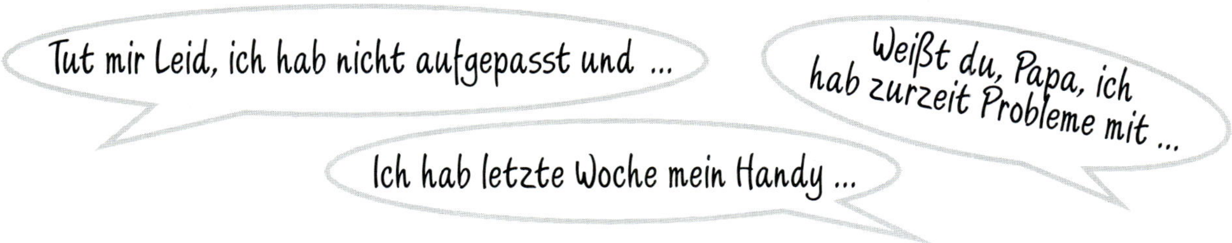

20 Wie geht die Geschichte weiter? Schreibt einen Schluss. Hier sind zwei Möglichkeiten:

So?
Die Mutter kommt.
Das Drama geht weiter.
Das Handy ist weg.
Sie bekommt sechs Monate kein Taschengeld.

Oder so?
Der Vater beruhigt sich.
Sie suchen eine Lösung.
Sie arbeitet für die Druckerei und trägt Prospekte aus.
Sie zahlt das Geld nach und nach zurück.

Oder wie?
Habt ihr eine andere Idee?

Typisch deutsch

1 **Schülerfotos aus Deutschland – Was kennt ihr und was fällt euch zu Deutschland ein? Sammelt in der Klasse.**

2 **Zu Besuch in Deutschland – Wir haben ausländische Schüler und Schülerinnen gefragt, was ihnen aufgefallen ist.**

a Vor dem Hören: Über welche Themen sprechen die Jugendlichen? Welche Wörter fallen euch spontan ein?

Wetter   Schulalltag   Essen   Verkehr   Natur   ...

50

b Beim Hören: Was sagen Anna-Maria, Iwan und Ösgün zu den Themen? Macht Notizen.

c Nach dem Hören: Was haben die Jugendlichen gesagt? Was ist richtig, was falsch?

1. Das Abendessen ist immer warm.
2. Alle essen gerne Brot.
3. Es gibt keinen Teppich in der Wohnung.
4. Alle Leute warten bei Grün an der Ampel.
5. In Deutschland gibt es wenig Grün.
6. Privat sind alle sehr nett.
7. Hier gibt es nur wenig Ausländer.
8. Auf Partys singen viele Jugendliche.
9. Niemand trägt eine Schuluniform.
10. Die Lehrer sind nicht so streng.
11. Viele Jugendliche dürfen abends ausgehen.
12. Im Sommer wird es sehr warm.
13. Viele Deutsche fahren gerne in den Süden.

3 Beobachtungen in Deutschland – Jugendliche haben über ihre Eindrücke in Deutschland geschrieben. In welche Lücke (1–4) passen die Sätze a–d?

a) Und am Nachmittag scheint wieder die Sonne.
b) An der Ampel musst du bei Rot warten, auch wenn alles frei ist.
c) In der Schule können die Schüler mit den Lehrern diskutieren.
d) Da kannst du viel Sport machen oder tanzen, sammeln, basteln usw.

Ich finde das Land interessant, aber für Schüler aus Japan gibt es viele Dinge, die sehr fremd sind. Heute berichte ich euch, was für mich neu war: Die Straßenbahnen und Busse sind immer (!) pünktlich. Ich muss mich oft beeilen und bin schon zu spät gekommen. ❶ Das machen fast alle so.
Hier leben viele Ausländer. Auf der Straße kann man viele Menschen sehen und hören, die verschiedene Sprachen sprechen.

Kuniaki, Japan

Am ersten Tag ist mir schon aufgefallen, dass viele Deutschen nur einmal am Tag warm essen. Und sie essen alle Brot, Brot, Brot. Es gibt bestimmt 100 Sorten Brot, die du kaufen kannst. Ich vermisse das warme Essen. Aber du musst Kuchen und Torten probieren. Die sind soooo lecker! Auch die Schule ist anders: Du musst früh aufstehen. Meine Schule fängt schon um 8.00 Uhr an! ❷ Niemand muss aufstehen, wenn der Lehrer kommt. Das finde ich sehr gut. Viele Dinge sind wie bei uns, z.B. haben viele Jugendliche einen Computer.

Soo-Jung, Korea

In der Schule gibt es eine Cafeteria. Da gehen manche Schüler in der Pause hin, weil man etwas essen oder trinken kann. Dafür musst du aber bezahlen. Um 13 Uhr ist meistens Schulschluss. Das finde ich gut. Mir gefällt auch, dass meine Freunde fast alle Taschengeld bekommen. Viele können kaufen, was sie wollen. Am Wochenende gehen viele auf Partys. Sie dürfen oft bis 21 oder 22 Uhr bleiben und manchmal holen ihre Eltern sie ab. In der Freizeit kannst du in einen Verein (*Club*) gehen. ❸

Brian, England

Man kann hier schnell von Stadt zu Stadt reisen. Meine Gasteltern waren mit mir an einem Wochenende in drei (!!!) Städten, die ich noch nicht kannte. In Deutschland musst du bei einem Ausflug immer eine Jacke mitnehmen. Am Morgen scheint die Sonne, aber am Mittag regnet es und es wird kälter. ❹ Manchmal gibt es drei Jahreszeiten an einem Tag!

Cecília, Brasilien

4 *Alle, viele, manche, niemand* – Was haben die Schüler beobachtet? Wie viele Deutsche machen was?

Alle (Deutschen) mögen …
Viele (Jugendliche) gehen …
Manche (Leute) …
Niemand mag …

5 Was müssen Besucher in eurem Land wissen? Was gefällt euch gut? Was machen *alle, viele, manche …*? Schreibt Texte wie in Aufgabe 3.

Missverständnisse

6 **Xiao Lin ist in Deutschland unterwegs. Seht die Bilder an. Was ist das Problem? Ist das auch ein Problem bei euch?**

7 **Die Sprache können heißt nicht die Leute kennen!**

a Lest den Text.

Auf den ersten Blick sieht vieles oft gleich aus. Die Menschen tragen ähnliche Kleidung, es gibt ähnliche Geschäfte, die Leute fahren die gleichen Autos usw. Manchmal sprechen wir auch die Sprache, die die Leute in dem Land sprechen, und trotzdem verstehen wir die Menschen nicht oder wir verstehen sie falsch und sie uns auch. Warum? Es gibt in allen Ländern Regeln: Was sagt man in einer Situation? Was macht man, was tut man nicht? Diese Regeln sind in jeder Kultur ein bisschen anders. Aber man kann sie zum Teil lernen, genau wie eine Sprache.
Ein Beispiel: Du bist um 15 Uhr vor der Schule verabredet. Der Freund kommt um 15.20 Uhr. Was sagst du? Vergleiche mit Bild 4 oben.

51

b Dialoge – Hört zu. Welche Aussagen (1–6) passen zu den Fragen in den Dialogen? Könnt ihr jetzt die Situationen in Aufgabe 6 erklären?

1. Ein „Nein" in Deutschland heißt meistens „nein".
2. Der Gast ist ein König. Er muss sehr viel essen.
3. Viele Deutsche tragen in der Wohnung ihre Straßenschuhe.
4. Der Besuch bringt immer ein Geschenk mit.
5. Viele Deutsche achten auf Pünktlichkeit. 10 Uhr heißt 10 Uhr.
6. Bei Rot warten alle an der Ampel. Niemand geht bzw. fährt.

Indirekte Fragesätze

8 Vergleicht die Sätze. Was ist anders?

1. Wo (ist) der Bahnhof?
2. Weißt du, wo der Bahnhof (ist) ?

1. Das Verb steht an Position …
2. Das Verb steht …

9 Fragen üben

a Schreibt Fragen mit W-Wörtern wie in Aufgabe 8, Satz 1.

Wer hat meinen Kuli?

b Tauscht in der Klasse. Macht aus den W-Fragen indirekte Fragesätze. Spielt dann kleine Dialoge.

Weißt du, wer meinen Kuli hat?

Ich glaube, Peter.

Weißt du, w... ?
Ich frage mich, w... .
Entschuldigung, können Sie mir sagen, w... ?
Hast du eine Ahnung, w... ?
Ich weiß nicht, w... .
Kannst du erklären, w... ?

- ● Können Sie mir sagen, wo der Bahnhof ist?
- ○ Wie bitte?
- ● Wissen Sie, wo der Bahnhof ist?
- ○ Was ist los?
- ● Haben Sie eine Ahnung, wie ich zum Bahnhof komme?
- ○ Tut mir Leid, ich verstehe nichts!

10 *Warum, wieso, wer* und *wo*? Hört das Lied und lest den Text. Könnt ihr die Fragen ergänzen?

52

Weißt du, wo …?
Auf dem Klo.
Ich frag mich, wann …?
Um drei fängt's an.
Hab keine Ahnung, warum …?
Hey, du bist doch nicht dumm.

Fragen, Fragen, Fragen,
du musst es nur sagen.
Sag mir nur ein Wort.
Ich antworte sofort!

Weißt du, wie …?
Du lernst es nie!
Ich weiß nicht, was …?
Ich sag dir das.

Fragen, Fragen, Fragen …

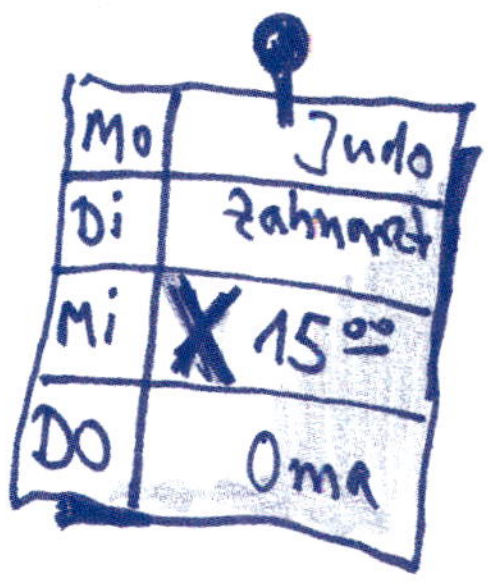

Lieblingsthema „Wetter“

53

11 **Hört die Aussagen. Welche Symbole passen dazu?**

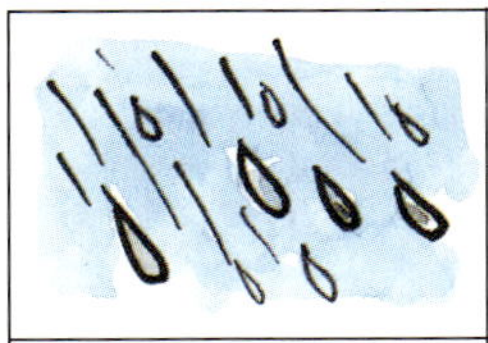				
Es regnet. Es ist kühl/kalt. Es sind nur zehn Grad.	Es ist windig.	Die Sonne scheint. Es ist warm/heiß. Es sind 25 Grad.	Es ist bewölkt/ bedeckt.	Es schneit. Es ist kalt. Es sind minus fünf Grad.

12 **Hier sind zehn Antworten zur Wetterkarte. Welche Fragen könnt ihr stellen?**

Weißt du, wo es regnet?

Wo ist es am wärmsten?

Wie warm/kalt ist es in …?

1. Nur in Berlin.
2. In Italien.
3. In London und in Rom.
4. In Spanien und in Polen.
5. In Moskau.
6. In London, Paris, Ankara …
7. 17 Grad.
8. 22 Grad.
9. Da scheint heute die Sonne.
10. Da ist es heute bewölkt, aber es regnet nicht.

13 **Was wisst ihr über andere Länder?**
Welche Länder sind das? Ratet und sucht im Atlas.

a

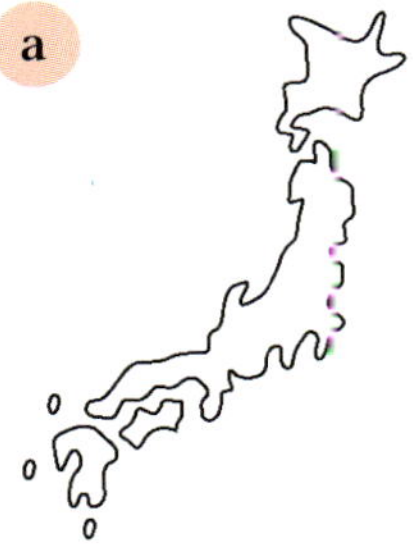

b

c

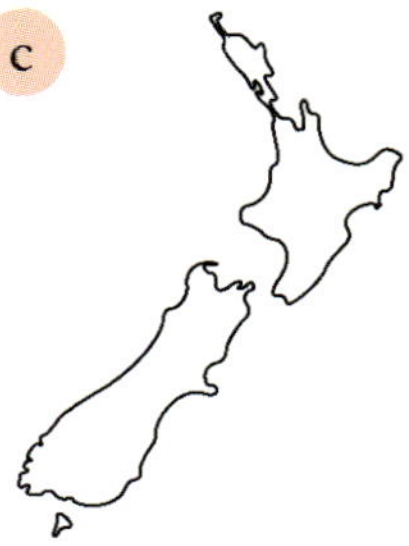

14 **Was könnt ihr über Japan, Finnland und Neuseeland sagen? Sammelt in der Klasse.**

Japan	Finnland	Neuseeland
Insel	kalt	
viel Fisch		

15 Drei Austauschschüler aus Deutschland und der Schweiz waren in diesen Ländern.

a Stellt Vermutungen an: Wer hat was gesagt?

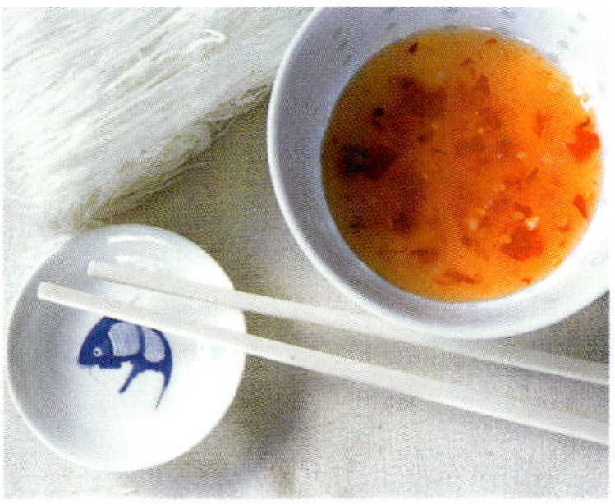
Julian (Japan)

Paul (Finnland)

Rahel (Neuseeland)

1. Baseball ist ein sehr populärer Sport.
2. Das Baden im See macht auch mit Eis Spaß.
3. Vorsicht! Die Autos fahren alle auf der falschen Seite.
4. Die Leute lieben High-Tech-Produkte, z. B. Fotografieren mit dem Handy.
5. Die Noten gehen von 10 (beste Note) bis 4 (schlechteste Note).
6. Die Reise zu meiner Gastfamilie hat über 24 Stunden gedauert.
7. Die Schüler sprechen die Lehrer mit Vornamen an.
8. Es gibt sehr viele Schafe.
9. Fast alle haben eine „möki“, eine Art Ferienhaus.
10. Im Winter geht die Sonne erst um 11 Uhr auf und um 15 Uhr unter.
11. In der Schule muss man die Schuhe ausziehen.
12. Mein Lieblingsfach war „outdoor education“, da habe ich Kajak fahren gelernt.

b Hört nun zu und kontrolliert eure Vermutungen.

54

16 Ein Projekt – Wohin möchtet ihr als Austauschschüler reisen? Stellt Informationen über das Land / die Region / die Stadt zusammen und berichtet in der Klasse.

17 D-A-CH-Quiz – Wer kennt die Antworten?

a Spielt in zwei Gruppen. Gruppe 1 beginnt. Wechselt nach Frage 5.

1. Wer weiß, wann die Loveparade in Berlin stattfindet?
2. Welches Gebäude steht in Deutschland: Stephansdom – Kölner Dom – Hofburg?
3. Wie heißt ein Fluss in der Schweiz?
4. Kannst du sagen, was die Deutschen am liebsten trinken?
5. Weißt du, wie viele deutsche Bundesländer es gibt: 6 – 16 – 26?
6. Wie heißt die Stadt, wo es einen Fischmarkt gibt?
7. Wie lauten die internationalen Telefonnummern von Deutschland, Österreich und der Schweiz?
8. Wo heißen Tomaten *Paradeiser*?
9. Hast du eine Ahnung, in welchen deutschsprachigen Ländern die Alpen liegen?
10. Sag mir, was nicht aus der Schweiz kommt: Toblerone – Swatch – VW.

b Wollt ihr weiterspielen? – Jede Gruppe schreibt fünf neue Fragen und dann geht es weiter.

1 Eine Stadt – meine Stadt

a Welche Adjektive passen zum Foto?

b Lest und hört jetzt das Gedicht.

Josef Reding: Meine Stadt

Meine Stadt ist oft schmutzig;
aber mein kleiner Bruder ist es auch,
und ich mag ihn.
Meine Stadt ist oft laut;
aber meine große Schwester ist es auch,
und ich mag sie.

Meine Stadt ist dunkel
wie die Stimme meines Vaters
und hell
wie die Augen meiner Mutter.
Meine Stadt und ich:
Wir sind Freunde, die sich kennen
…

c *Meine Stadt und ich: Wir sind Freunde, die sich kennen* – Was kann das heißen? Sprecht im Kurs darüber.

2 Eure Stadt – Wie gut kennt ihr sie? Mögt ihr die Stadt? Seid ihr „Freunde"? Was kann man dort machen? Sprecht im Kurs.

3 Stell dir vor, dein Freund Erich möchte dich besuchen. Beantworte den Brief und vergleicht in der Klasse. Wer hat das interessanteste Programm gemacht?

... ich freue mich sehr auf das Wochenende und ich hoffe, dass es nicht langweilig wird und dass wir viel zusammen unternehmen können. Bis nächste Woche!

Ich freue mich auch auf das Wochenende. Keine Angst, bei uns in ... ist immer etwas los. Wir können z. B. am Samstagvormittag ...

Lieber Erich, bei uns gibt es ... / Hier sind viele ... / Am Wochenende ... / Wenn es regnet, ...

4 Ich wünsche mir einen Freund ... – Bildet Sätze wie im Beispiel.

Ich wünsche mir einen Freund, der/den ...
Ich wünsche mir eine Freundin, die ...

Ich wünsche mir eine Freundin, die gerne Fußball spielt.

Er/Sie hat immer Zeit für mich.
Meine Freunde mögen ihn/sie.
Er/Sie hört mir immer zu.
Er/Sie schreibt mir immer schöne Briefe.
Er/Sie hilft mir, wenn ich Probleme habe.
Ich kann ihn/sie zum Tanzen mitnehmen.
Ich kann ihn/sie immer anrufen.
Er/Sie spielt gerne Fußball.

5 Und was wünschst du dir? Schreibe auch einen kleinen Text.

Ich wünsche mir einen Lehrer, der ...

Ich wünsche mir ein Zimmer, das ...

6 Fehler korrigieren – Findet bei a–h die Fehler und korrigiert sie. Die richtigen Sätze 1–8 helfen euch.

Richtige Sätze	Falsche Sätze
1. Der alte Mann hat 20000 Bücher **gelesen**.	a) Anne ist eine Freundin, den ich sehr mag.
2. Der **längste** deutsche Fluss ist der Rhein.	b) Der schneller Schüler ist Harry.
3. In der Zeitung steht, **dass** die Münzen weg **sind**.	c) Gestern Abend bin ich zu Hause.
4. Er mag sie, **weil** sie sehr lustig **ist**.	d) Ich finde die rot Jacke hässlich.
5. **Die Frau, die** da sitzt, ist meine Mutter.	e) Ich komme nicht mit, weil ich habe kein Geld.
6. Können Sie mir sagen, **wo** der Bahnhof **ist**?	f) Ich weiß nicht, wo ist die Jugendherberge.
7. Letztes Wochenende **war** ich in Berlin.	g) Simon hat gesagt, dass ist Herr Schmidt krank.
8. Die **grüne** Hose ist super.	h) Warum ist er nicht zur Party gekommt?

a) + 5: Anne ist eine Freundin, die ich sehr mag.

AUSSPRACHE

7 Peter Härtling: Sollen wir uns kloppen?

a Lest und hört den Text. Bearbeitet dann 1–3 unten.

Bernd: Geh mir mal aus dem Weg!
Frieder: Warum?
Bernd: Weil du mir im Weg stehst.
Frieder: Aber du kannst doch an mir vorbeigehen. Da ist eine Menge Platz.
Bernd: Das kann ich nicht.
Frieder: Warum?
Bernd: Weil ich geradeaus will.
Frieder: Warum?
Bernd: Weil ich das will. Weil du jetzt mein Feind bist.
Frieder: Warum?
Bernd: Weil du mir im Weg stehst.
Frieder: Darum bin ich jetzt dein Feind?
Bernd: Ja, darum.
Frieder: Und wenn ich dir aus dem Weg gehe, bin ich dann auch noch dein Feind?
Bernd: Ja, weil du dann ein Feigling bist.
Frieder: Was soll ich denn machen?
Bernd: Am besten, wir verkloppen uns.
Frieder: Und wenn wir uns verkloppt haben, bin ich dann auch noch dein Feind?
Bernd: Ich weiß nicht, kann sein.
Frieder: Dann geh ich dir lieber aus dem Weg und bin ein Feigling.
Bernd: Ich hab gewusst, dass du ein Feigling bist. Von Anfang an hab ich das gewusst.

1. Was kannst du über Bernd und Frieder sagen? Alter, Größe, Aussehen …?
2. Wo treffen sich die beiden? Schulhof, Disco …?
3. Wer gefällt dir besser, Bernd oder Frieder?

b Spielt den Dialog. Achtet auf die Intonation. Denkt an die Situation: Wie sind Bernd und Frieder? Wie sprechen sie: laut, leise, ruhig, aggressiv …?

c Wie können Bernd und Frieder ihr Problem lösen? Schreibt ein positives Ende für den Dialog und spielt ihn in der Klasse.

8 Das Familienspiel – Hört zu und findet eure Familie. Euer Lehrer / Eure Lehrerin erklärt die Regeln.

LERNEN MIT SYSTEM

9 Selbstevaluation

a Lest 1–14. Zu welchen Aussagen passen die Situationen in a–d?

Ich kann ...

1. ... sagen, wie es mir/anderen geht.
2. ... wichtige Informationen in Texten finden.
3. ... um Hilfe bitten oder Hilfen geben.
4. ... berichten, was andere sagen.
5. ... meine Meinung sagen.
6. ... sagen, was mir schmeckt/gefällt (Essen/Trinken, Kleidung ...).
7. ... nach dem Weg fragen / Wegbeschreibungen verstehen / Wege beschreiben.
8. ... über Vergangenes berichten (wo ich war / was ich gemacht habe).
9. ... etwas vergleichen.
10. ... etwas begründen.
11. ... eine Person beschreiben und sagen, was sie trägt.
12. ... mein Zimmer, meine Wohnung/Straße/Stadt beschreiben.
13. ... beschreiben, wo etwas steht, liegt, hängt ...
14. ... anderen widersprechen.

a

● Wie findest du meinen neuen Pullover?
○ Na ja, es geht.
● Wieso?
○ Ich finde ihn zu bunt.

b

● Und was hast du am Wochenende gemacht?
○ Am Samstag war ich mit meinen Eltern im Zoo. Und am Sonntag bin ich mit meiner Schwester ins Kino gegangen.

c

d

b Könnt ihr selbst Beispiele zu 1–14 in Aufgabe 9a finden?

c Was kann ich gut / nicht so gut? – Wählt ein Thema aus und organisiert eine Wiederholung im Kurs.

10 Eine geni@le Rallye durch das Buch

1 Vera und Nilgün sind Freundinnen. Wie muss ein Freund / eine Freundin sein? Nenne 3 Adjektive.

2 Wie heißt das Gegenteil?
stark – …
laut – …
interessant – …

3 Wie heißt die Hauptstadt?

4 Wie geht es dir?

5 Wie heißen die Strategien?

6 Wer ist das?
Gib drei Informationen.

7 Sie mag …

8 Telefon, E-Mail, Computer.
Artikel und Plural?

9 Vergleiche:
groß / Berlin > Kassel,
teuer / Ferrari > VW

10 Wie findest du eure Schule?

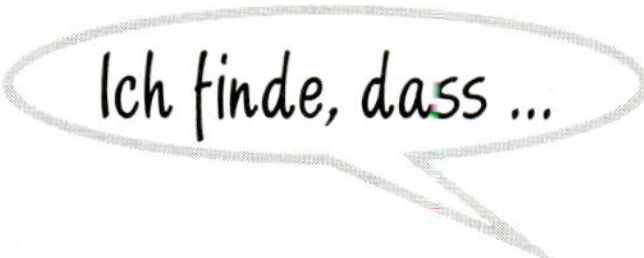

11 Wie heißt der Text im Präteritum?
„Ich kann nicht kommen. Ich muss zur Nachhilfe und später habe ich Klavierunterricht.“

12 Annas Freund heißt …

13 Nenne drei Sportarten:

14 Erkläre das Hobby.

15 Was sind die „Bundesjugendspiele“?

16 Nenne fünf Kleidungsstücke mit Artikel.

17 eine Hand – zwei Hände …

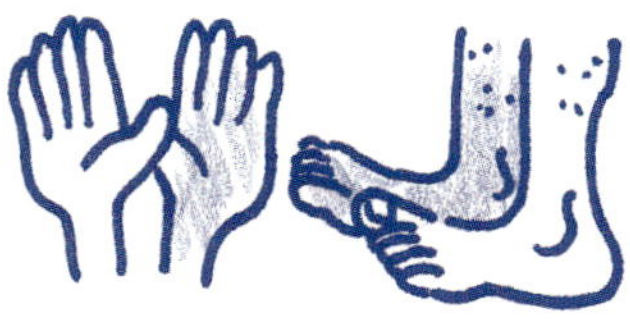

18 Das ist zu …

Spielregeln:
- Immer zwei Schüler oder zwei Gruppen spielen gegeneinander.
- Für das Spiel braucht ihr 36 „Spielsteine“, z.B. Münzen.
- Wer eine Aufgabe richtig gelöst hat, darf den Spielstein auf das Feld legen.
- Man braucht drei Spielsteine in einer Reihe.

19 Beschreibe Ivanka.
Sie trägt …

20 Was macht der Junge?

21 Richtig oder falsch?
Das ist Familie Schmidt.

22 Was frühstückst du?
Nenne drei Dinge.

23 Sage den Lerntipp: Von … nach … fährst … Dativ du!

24 Ist das ein Zeitungsartikel, ein Gedicht oder ein Interview?

Dortmund – Die Dortmunder Ernährungsstudie „Donald" zeigt, dass die Ernährung von Kindern und Jugendlichen längst nicht so schlecht ist wie ihr Ruf. Viele glauben, dass Pizza, Pommes und Hamburger das Lieblingsessen der 6- bis 14-Jährigen ist, aber

25
Herr Schmidt ist … von Beruf.

26 Was sagt der Junge?

27
Wie kann Kleidung sein?
Nenne drei Eigenschaften.

28
Beschreibe Julians Zimmer:
Bett/Ecke,
Tisch/Wand,
Computer/Tisch.

29 Nenne Präteritum und Perfekt von:
gehen, lachen, nehmen

30
Was hast du am Wochenende gemacht?

31
Keine Freunde?
Gib einen Tipp, wie man Freunde gewinnt.

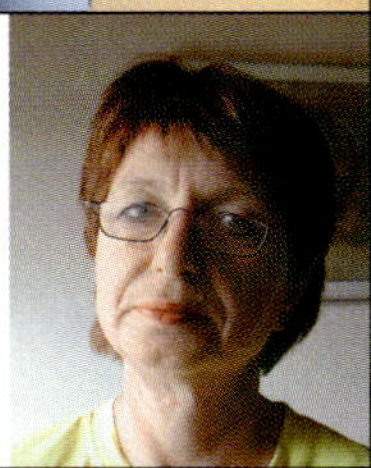

32 Was ist das?

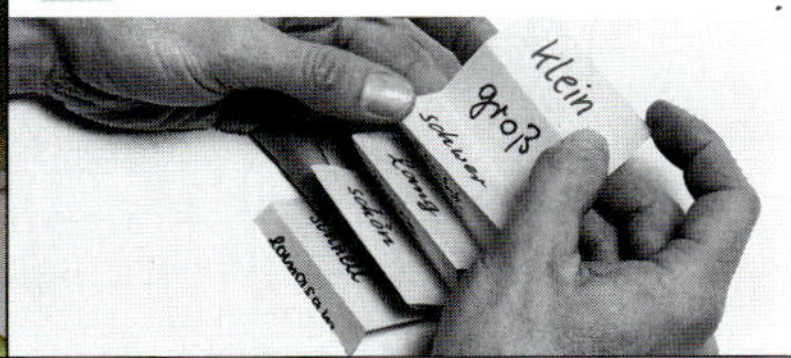

33 Was ist passiert?

34
Was ist falsch?
Das ist der Stephansdom.
Er steht in Köln.

35 Dativ und Akkusativ:
Ich gehe in … Disco.
Ich stehe in … Disco.

36 Sabrina und Carsten schreiben ein …

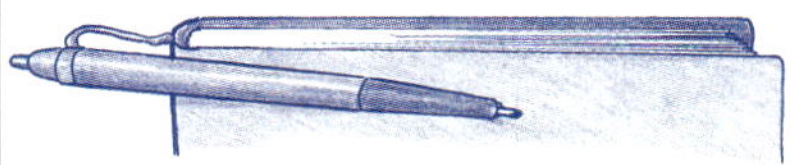

horizontal 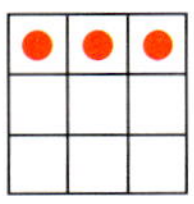

vertikal 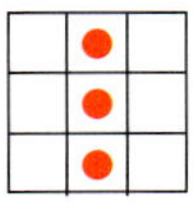

diagonal 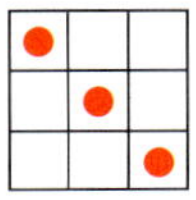

Wer zuerst eine Reihe mit drei Feldern hat, hat gewonnen.
Dann beginnt ein neues Spiel.
Die richtigen Lösungen könnt ihr auf S. 120 kontrollieren.

Weihnachten

58

11 Weihnachtslieder
Welche Lieder kennt ihr?

1

2

3

Oh Tannenbaum, oh Tannenbaum,
wie grün sind deine Blätter.
Du grünst nicht nur zur Sommerszeit,
nein, auch im Winter, wenn es schneit …

4

5

59

12 Ein Weihnachtsgedicht
Welche Wörter passen zu Weihnachten?

Wird es dunkel vor dem Haus,
kommt zu uns der Nikolaus.
Hat uns etwas mitgebracht,
schöner, als wir je gedacht.

Steht der Baum im Lichterschein,
gehen wir zur Tür hinein.
Weihnacht, Weihnacht – es ist wahr,
ist das schönste Fest im Jahr.

www.blinde-kuh.de/weihnachten/gedichte/

13 Weihnachten in den deutschsprachigen Ländern und bei euch – Was kennt ihr? Sammelt in der Klasse.

14 Lest den Text. Welche Fotos von Seite 96 gehören zu welchen Stellen im Text?

Die Zeit vor Weihnachten, die Vorweihnachtszeit, ist in Deutschland, Österreich und in der Schweiz fast so wichtig wie das Weihnachtsfest selbst. Die Adventszeit beginnt vier Sonntage vor Weihnachten. Die Orte sind dann weihnachtlich dekoriert und in vielen Städten gibt es einen Weihnachtsmarkt. Der bekannteste ist der „Christkindlmarkt“ in Nürnberg.
Viele Familien haben einen Adventskranz mit vier Kerzen. Jeden Sonntag brennt eine Kerze mehr. Die Kinder haben einen Adventskalender mit 24 Türchen. Vom 1. bis zum 24. Dezember machen sie jeden Tag ein Türchen auf und finden Bilder oder Schokolade. In der Adventszeit gibt es viele leckere Sachen zu essen und viele Leute backen, z. B. Plätzchen und Lebkuchen. Sehr bekannt ist der Christstollen, ein Kuchen mit Rosinen und Früchten.
Ein wichtiger Tag ist der 6. Dezember, der Nikolaustag. Am Abend stellen die Kinder ihre Schuhe vor die Tür und am Morgen finden sie darin kleine Geschenke und Süßigkeiten. Am Heiligabend, dem 24. Dezember, gehen viele Menschen zuerst in die Kirche. Danach feiern Eltern, Kinder und Großeltern zu Hause. Sie sitzen zusammen, essen, singen und spielen. Die Kinder freuen sich auf die Geschenke, die manchmal der Weihnachtsmann persönlich bringt. Am 25. und 26. Dezember sind die Weihnachtsfeiertage. Man besucht Verwandte und fast überall gibt es ein traditionelles Essen, z. B. die „Weihnachtsgans“.

15 Ergänzt die Aussagen mit dem Text.

1. Am vierten Sonntag vor Weihnachten beginnt …
2. Weihnachten ist ein Fest für die …
3. Am 6. Dezember stellen die Kinder …
4. Es gibt leckere Sache zu essen, z. B. …
5. Heiligabend ist am …
6. Zu Weihnachten trifft sich die Familie. Sie …

16 Silbenrätsel – Welche Wörter aus Aufgabe 14 findet ihr? Gibt es das auch bei euch?

abend – Ad – der – gans – Hei – ka – ko – laus – len – lig – markt – nachts – nachts – Ni – tag – vents – Weih – Weih

17 Interview – Wie feierst du Weihnachten? Was berichtet Ágota über ihr Land? Hört zu, notiert und vergleicht in der Klasse.

60

18 Internetprojekt „Weihnachten“ – Sucht euch ein Thema aus: Essen, Lieder, Gedichte, Weihnachtsmärkte … Sammelt Informationen und präsentiert eure Ergebnisse in der Klasse.

www.es-weihnachtet-sehr.de.vu/
www.christkindlmarkt.de
www.weihnachtsseite.de

Ostern

19 Welche Informationen findest du im Text zu diesen Wörtern?

anmalen – suchen – essen – Frühling – Hase

Nach Weihnachten ist Ostern das zweitwichtigste christliche Fest in den deutschsprachigen Ländern. Die beiden Feiertage sind Ostersonntag und Ostermontag. Ostern ist ein Fest im Frühling (März/April). Die Woche vor Ostern ist die „Karwoche“.
Das Osterfest ist bunt und fröhlich. Die wichtigsten Symbole sind der Osterhase und das Osterei. Schon vor Ostern bemalen die Familien Eier mit Farben und Ostermotiven. In den Wohnungen und vor den Häusern stehen Sträucher, die mit vielen bunten Eiern dekoriert sind.
Am Ostermorgen verstecken viele Eltern Ostereier und Süßigkeiten im Garten und im Haus und die Kinder suchen sie. Die kleinen Kinder glauben, dass der Osterhase die Eier und die kleinen Geschenke versteckt hat.

61

20 Ostern international – Hört das Interview mit Persa aus Griechenland und macht Notizen. Welche Wörter aus dem Kasten kommen im Text vor? Was berichtet sie?

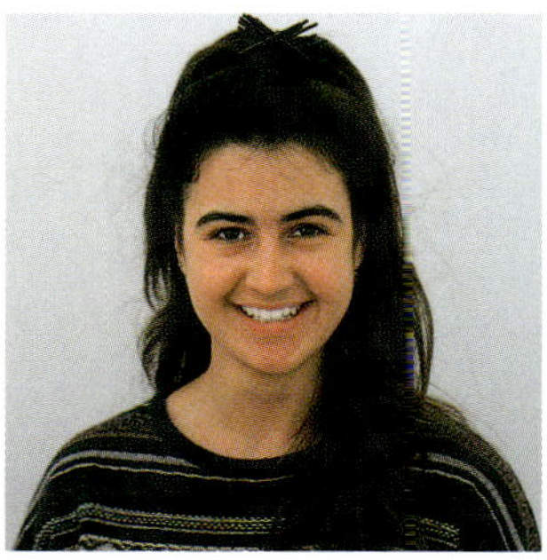

Geschenke – Kirche – Kinder – Kuchen – Familie – Ostereier – Süßigkeiten – malen – Hase – Feier – Mitternacht

21 Wählt Aufgabe a oder b.

a Feiert ihr auch Ostern? Was ist bei euch wichtig? Was ist anders?
b Was ist bei euch das wichtigste Fest? Sammelt in Gruppen Informationen für Freunde in Deutschland. Vergleicht in der Klasse.

Grammatik im Überblick

Das findest du hier:

Einheit 1–5	Einheit 6–10	Einheit 11–15
1 Nebensätze mit *dass*	12 Nebensätze mit *weil* – Gründe	21 Relativsätze
2 Die Satzklammer	13 Nebensätze mit *wenn*	22 Hauptsätze mit *deshalb* – Konsequenzen
3 Hauptsätze verbinden: *und, aber, oder*	14 Possessivartikel: Dativ	23 Indirekte Fragesätze und Antworten
4 Personalpronomen: N/A/D	15 Possessivartikel: N/A/D (Übersicht)	24 *Es*
5 Adjektive: Komparation	16 Präpositionen mit Dativ	25 Indefinita
6 Vergleiche mit ... *als* und ... *so* ... *wie*	17 Adjektive: Komparativ und Superlativ	26 Fragewörter: *Wofür? Womit? Woran? Für wen? Mit wem? An wen?*
7 Verben und Präpositionen: *Wohin?*	18 Adjektive vor dem Namen Attribute	27 Wechselpräpositionen (Akkusativ/Dativ)
8 Vergangenheit: Perfekt	19 Modalverb *sollen*	28 Präpositionen mit Zeitangaben
9 Perfekt – Partizip der regelmäßigen Verben	20 Verben mit Dativ	29 Verben: Präteritum
10 Perfekt – Partizip der unregelmäßigen Verben		30 Liste der unregelmäßigen Verben
11 Präteritum der Modalverben		

Symbole auf S. 100–110:
▶ 11 = Kommt in Einheit 11 vor.
▶ G 12 = Mehr Informationen gibt es bei Punkt 12 in der „Grammatik im Überblick".

G

Einheit 1–5

SÄTZE

▶ 1

1 Nebensätze mit *dass*

Hauptsatz	Nebensatz		
Jennifer erzählt,	**dass** sie aus Erfurt	kommt	.
Ich finde,	**dass** du zu viel	arbeitest	.

In Nebensätzen steht das konjugierte Verb am Ende:
…, … VERB.

▶ 2

2 Die Satzklammer

a Perfekt

Die Jugendlichen	haben	in Wien viel Spaß	gehabt	.
Sie	haben	eine Stadtrundfahrt	gemacht	.
Der Zug	ist	pünktlich	abgefahren	.
Mareike	hat	ihre Tasche	mitgenommen	.
Wo	haben	sie die meisten Fotos	gemacht	?
Was	ist		passiert	?

Das Hilfsverb steht an Position 2.
Das Verb steht am Ende.

▶ 4

b Modalverben (Präteritum)

Ich	konnte	gestern nicht	kommen	.
Ich	musste	auf meine Schwester	aufpassen	.

Das Modalverb steht an Position 2.
Das Verb steht am Ende.

c Trennbare Verben

einladen:	Niemand	lädt	mich	ein	.
anrufen:		Rufst	du mich am Samstag	an	?
zuhören:		Hör	mir jetzt bitte gut	zu	!

Der zweite Teil des Verbs steht am Ende.

3 Hauptsätze verbinden

a Informationen aufzählen: *und*

▶ 4

Hauptsatz 1	Hauptsatz 2
Gestern Abend durften wir ins Kino gehen.	
Gestern Abend durften wir ins Kino gehen	**und** (wir durften) einen Film sehen.
Wir hatten keinen Computer	**und** wir konnten keine E-Mails schreiben.

b Gegensätze: *aber*

▶ 4

Hauptsatz 1	Hauptsatz 2
Meine Eltern hatten ein Telefon,	**aber** (sie hatten) keinen Computer.
Ich habe die Hausaufgaben gemacht,	**aber** ich habe sie zu Hause vergessen.
● Ich bezahle die Cola.	○ **Aber** du hast doch kein Geld.

c Alternativen: *oder*

Hauptsatz 1	Hauptsatz 2
Ich rufe dich heute Abend um acht an	**oder** ich komme zu dir.
Kommst du mit	**oder** bleibst du zu Hause?

WÖRTER

4 Personalpronomen: Nominativ – Akkusativ – Dativ

▶ 1

Nominativ	Akkusativ	Dativ
ich	mich	mir
du	dich	dir
er	ihn	ihm
es	es	ihm
sie	sie	ihr
wir	uns	uns
ihr	euch	euch
sie/Sie	sie/Sie	ihnen/Ihnen

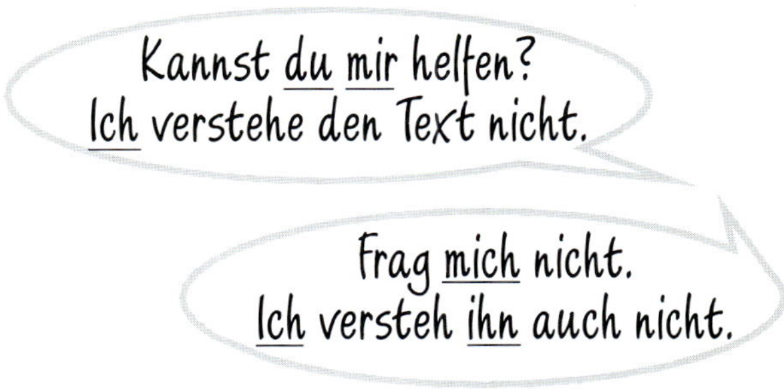

5 Adjektive: Komparation

▶ 4

+ -er	schnell	→ schneller
	klein	→ kleiner
a → ä + -er	lang	→ länger
o → ö + -er	groß	→ größer
u → ü + -er	kurz	→ kürzer
unregelmäßig	gern	→ **lieber**
	gut	→ **besser**
	viel	→ **mehr**
	hoch	→ **höher**

▶ 4

6 Vergleiche mit … *als* und … *so* … *wie*

Monika läuft (genau)**so** schnell **wie** Carla.
Rita läuft nicht **so** schnell **wie** Carla.
Astrid läuft schnell**er als** Monika, Carla und Rita.

= / ≠:	**so** + Adjektiv + **wie**
> / <:	Adjektiv + **-er** + **als**

▶ 2

7 Verben und Präpositionen: *Wohin?*

in, über, durch, an + Akkusativ		gehen / fahren / laufen	
der Prater	Stefan	geht	**in den** Prater.
das Kino	Cora	geht	**ins** Kino.
die Kirche	Christian	geht	**in die** Kirche.
der Marktplatz	Der Bus	fährt	**über den** Marktplatz.
das Meer	Das Schiff	fährt	**übers** Meer.
die Brücke	Ich	laufe	**über die** Brücke.
der Park	Wir	rennen	**durch den** Park.
das Dorf	Die Autos	fahren	**durchs** Dorf.
die Altstadt	Biene	geht	**durch** die Altstadt.
der Rhein	Familie Schröder	fährt	**an den** Rhein.
das Meer		…	**ans** Meer.
die Nordsee		…	**an die** Nordsee.

⚠ *zu* und *an* … *vorbei* immer mit Dativ.

Mareike geht/fährt/läuft **zum** Bahnhof/Rathaus / **zur** Kirche.
Mareike geht/fährt/läuft **am** Bahnhof/Rathaus / **an der** Kirche **vorbei**.

▶ 3

8 Vergangenheit: Perfekt

Wir **sind** vier Tage in Wien **geblieben**. Wir **haben** eine Stadtrundfahrt **gemacht**.
Wir **haben** ein Museum **besucht** und wir **haben** viel **fotografiert**.

Perfekt mit *haben*:	die meisten Verben
Perfekt mit *sein*:	Verben mit Bewegung laufen, fahren, fliegen, aufstehen …
⚠ Auch mit *sein*:	sein, bleiben, passieren, werden

Das Perfekt bildet man mit *haben* oder *sein* und mit dem Partizip.

Das Perfekt kann man für alle Aussagen über die Vergangenheit benutzen.

9 Perfekt – Partizip der regelmäßigen Verben

▶ 3

ge…(e)t	…ge…(e)t	…t
gehabt	abgeholt	fotografiert
gekauft	eingekauft	studiert
geredet	ausgerechnet	
geordnet		

10 Perfekt – Partizip der unregelmäßigen Verben

Wir sind sechs Monate in Madrid **geblieben**.
Manchmal hat mich mein Vater in die Schule **gebracht**.
Meistens habe ich den Bus **genommen**.
Ich habe viele Postkarten **geschrieben**.
Vor zwei Jahren sind wir zurück nach Deutschland **gegangen**.

Infinitive: denken, nehmen, bringen, bleiben, zurückbringen, nachdenken, aufstehen, weggehen

Partizip	ge …en	…ge…en
	genommen	aufgestanden
	geblieben	weggegangen
	ge…t	…ge…t
	gebracht	zurückgebracht
	gedacht	nachgedacht

Verben mit untrennbarem Präfix bilden das Partizip ohne *-ge*:

Infinitiv	vergessen	verlieren	beschreiben	verpassen	zerreißen
Partizip	vergessen	verloren	beschrieben	verpasst	zerrissen

11 Präteritum der Modalverben: *können dürfen, müssen, wollen*

▶ 4

	können	dürfen	müssen	wollen	haben	sein
ich	konnte	durfte	musste	wollte	hatte	war
du	konntest	durftest	musstest	wolltest	hattest	warst
er/es/sie	konnte	durfte	musste	wollte	hatte	war
wir	konnten	durften	mussten	wollten	hatten	waren
ihr	konntet	durftet	musstet	wolltet	hattet	wart
sie/Sie	konnten	durften	mussten	wollten	hatten	waren

Einheit 6–10

SÄTZE

▶ 6/G 1

12 Nebensätze mit *weil*: Gründe

Ich war gestern nicht in der Schule, **weil** ich krank war.

WARUM? → GRUND

Ich hatte gestern keine Zeit.		Ich hatte zu viele Hausaufgaben.
Ich hatte gestern keine Zeit,	**weil**	ich zu viele Hausaufgaben hatte.

In Nebensätzen steht das konjugierte Verb am Ende:
…, *weil/dass* … VERB.

Ich hatte gestern keine Zeit,	**weil**	ich arbeiten musste.
Weil ich arbeiten musste,		hatte ich gestern keine Zeit.

In Nebensätzen mit Modalverb steht das konjugierte Modalverb am Ende.

▶ 9/ G 1, 12

13 Nebensätze mit *wenn*

Nebensatz	Hauptsatz
Wenn Monika mit Markus tanzt,	(dann) ist Carsten sauer.
Wenn es regnet,	(dann) gehen wir ins Kino.

Hauptsatz	Nebensatz
Ich fahre zu meinen Großeltern,	**wenn** ich Ferien habe.

Nebensatz	Hauptsatz
Wenn ich Ferien habe,	(dann) fahre ich zu meinen Großeltern.

In Nebensätzen steht das konjugierte Verb am Ende: …, *weil/dass/wenn* … VERB.

WÖRTER

14 Possessivartikel: Dativ

▶ 8

		der Hund das Pferd	die Katze
Singular	ich	mein**em**	mein**er**
	du	dein**em**	dein**er**
	er/es	sein**em**	sein**er**
	sie	ihr**em**	ihr**er**
		(k)ein**em**	(k)ein**er**
Plural	wir	unser**em**	unser**er**
	ihr	eur**em**	eur**er**
	sie/Sie	ihr**em**/Ihr**em**	ihr**er**/Ihr**er**

Plural (Nomen) mein**en**/unser**en** Hunden/Pferden/Katzen

der /das = **-em**, *die =* **-er**, *Nomen im Plural =* **-en**

15 Possessivartikel: Nominativ – Akkusativ – Dativ (Übersicht)

▶ 8 / G 14

Kennst du meine Schwester?

Wie geht's deinem Bruder?

Ja, sie geht auch in meinen Yogakurs.

Meinem Bruder geht's ganz gut.

		der	das	die
Singular	Nominativ	mein Bruder	mein Pferd	meine Schwester
	Akkusativ	mein**en** Bruder	mein Pferd	meine Schwester
	Dativ	mein**em** Bruder	mein**em** Pferd	mein**er** Schwester
Plural (Nomen)	Nominativ	meine Brüder/Pferde/Schwestern		
	Akkusativ	meine Brüder/Pferde/Schwestern		
	Dativ	mein**en** Brüder**n**/Pferde**n**/Schwestern		

Alle Possessivartikel (*mein, dein, sein, ihr …*) haben die gleichen Endungen wie *mein*.

16 Präpositionen – Immer mit Dativ: *aus, bei, mit, nach, seit, von, zu, an … vorbei*

▶ 8 / G 7

Kommst du jetzt erst **von** deiner Freundin?
Warst du schon **bei** deiner Großmutter?
Tut mir Leid, ich komme jetzt erst **aus** der Schule.
Bitte komm **nach** der Schule nach Hause.

Gehst du **mit** dem Hund raus? Er muss mal.
Fahr doch mit dem Rad **zu** deiner Freundin.
Sie wartet **seit** einer Stunde auf dich.
Fahr **am** Rathaus **vorbei** und dann rechts.

▶ 4, 6 / G 5, 6

17 Adjektive: Komparativ und Superlativ

Das Riesenrad im Prater in Wien ist **das älteste** in Europa.
Es gibt viele schöne Berge. Aber das Matterhorn ist **am schönsten**.

	Komparativ	Superlativ			
schnell weit	schneller weiter	am	schnellsten weitesten	der/das/die	schnellste weiteste
alt groß dumm	älter größer dümmer	am	ältesten größten dümmsten	der/das/die	älteste größte dümmste
gern gut viel hoch	lieber besser mehr höher	am	liebsten besten meisten höchsten	der/das/die	liebste beste meiste höchste

▶ 7

18 Adjektive vor dem Nomen (Attribute)

Ich mag den roten Schal und die roten Schuhe.

Und wie findest du die hellblaue Bluse?

	der Schal	**das** Hemd	**die** Jacke	**die** Schuhe (Plural)
Nominativ	der rote Schal (k)ein roter Schal mein/dein …	das rote Hemd (k)ein rotes Hemd mein/dein …	die rote Jacke (k)eine rote Jacke meine/deine …	die roten Schuhe – rote Schuhe keine/meine/deine roten Schuhe
Akkusativ	den roten Schal (k)einen roten Schal meinen/deinen …			

▶ 9

19 Modalverb *sollen*

ich	soll
du	sollst
er/es/sie	soll
wir	sollen
ihr	sollt
sie/Sie	sollen

Du sollst sofort deine Mutter anrufen!

Mein Vater hat gesagt, ich soll das Zimmer aufräumen.

Soll ich dir helfen?

▶ 1, 7, 8

20 Verben mit Dativ

Einige Verben brauchen immer den Dativ:

helfen	Meine Mutter **hilft mir** immer.	gehören	Das Fahrrad **gehört meiner** Mutter.
schmecken	**Schmeckt dir** Müsli?	stehen	Das T-Shirt **steht dir** gut.
gefallen	Der neue Biolehrer **gefällt uns**.	schenken	**Schenkst** du **ihm** den Comic?

Einheit 11–15

SÄTZE

21 Relativsätze

▶ 12

Der alte Mann, der in der Wohnung neben uns wohnt, hört nicht gut.
Über uns wohnt **eine Musikstudentin**, die immer abends Trompete übt.

Der Relativsatz erklärt ein Nomen im Hauptsatz (Mann/Musikstudentin).

a Nominativ: *der , das, die*

Hauptsatz	Relativsatz: WER/WAS?	Hauptsatz
Der alte Mann,	der in der Wohnung neben uns wohnt,	hört nicht gut.
Das neue Haus,	das uns gehört,	war nicht so teuer.
Die Familie,	die drei kleine Kinder hat,	ist immer sehr laut.

b Akkusativ: *den, das, die*

Hauptsatz	Relativsatz: WEN/WAS?	Hauptsatz
Der Film,	den ich gestern gesehen habe,	ist super.
Das Fahrrad,	das mein Onkel gekauft hat,	war kaputt.
Die Schule,	die ich seit April besuche,	hat einen neuen Computerraum.

22 Hauptsätze mit *deshalb* – Konsequenzen

▶ 13

Hauptsatz 1	Hauptsatz 2: Konsequenz				
Ich habe kein Geld.	Ich	kann	nicht ins Kino	gehen	.
Ich habe kein Geld.	Deshalb	kann	ich nicht ins Kino	gehen	.
Ich habe kein Geld,	deshalb	kann	ich nicht in Kino	gehen	.

23 Indirekte Fragesätze und Antworten

▶ 14

W-Frage	Indirekte Frage			
Wo ist der Bahnhof?	Weißt du,	wo der Bahnhof	ist	?
	Kannst du mir sagen,	wo der Bahnhof	ist	?
	Er hat gefragt,	wo der Bahnhof	ist	.
	Antwort			
Nein, tut mir Leid,	ich weiß auch nicht,	wo der Bahnhof	ist	.

Indirekte Fragesätze sind Nebensätze: Das Verb steht am Ende.

WÖRTER

▶ 6, 14

24 *Es*

als Pronomen	Das Buch ist super, aber **es** war teuer.
als Funktionswort	**Es** ist kalt. **Es** hat geregnet **Es** schneit oft im Winter.
	Es ist schön, dass du kommst. **Es** ist ganz einfach: hier rechts und dann links.

es
steht oft bei Wetterverben.

▶ 6, 14

25 Indefinita

a Nur für Sachen: *(et)was, nichts*

Diese Pronomen verändern sich nicht.

b Nur für Personen: *man, jemand, niemand*

Man weiß, dass Sport gesund ist.
Jemand hat gesagt: Sport ist gesund.
Gestern war ich auf dem Tennisplatz, aber es war **niemand** da.

c Für Sachen und Personen: *alle, viele, einige, manche, wenige*

Julian treibt **viel** Sport, Marco (treibt) **wenig** (Sport).
Ich mache **viele** Stunden Sport in der Woche.
Alle Schüler machen bei den Bundesjugendspielen mit.
Manche Menschen sind schon über 70 und treiben noch **viel** Sport.
Einige Schüler, aber nicht **alle**, bekommen Medaillen.

Indefinita verwendet man, wenn man die Menge oder die Sache, die man meint, nicht ganz genau nennen kann oder will.

26 Fragewörter: *Wofür? Womit? Woran? – Für wen? Mit wem? An wen?*

▶ 13

Sachen

Wofür arbeitest du jeden Samstag? — (Ich arbeite) für ein neues Fahrrad.
Womit hast du den Brief geschrieben? — Mit meinem Computer.
Woran denkst du gerade? — An die Ferien.

Personen

Für wen arbeitest du? — Ich arbeite für meinen Vater.
Mit wem gehst du Samstag ins Stadion? — Mit meiner Freundin Janet.
An wen denkst du? — An meinen Freund Boris.

27 Wechselpräpositionen (Akkusativ/Dativ): *an, auf, hinter, in, neben, über, unter, vor, zwischen*

▶ 2, 12 / G 7, 16

Akkusativ

Detlev fährt **über die** Kreuzung.
Detlev fährt **vor die Parkuhr**.
Das Moped fährt **neben** den Lkw.
Detlef läuft **hinter das** Haus.
Er fährt **zwischen** das Haus
und die Parkuhr.

Dativ

Die Ampel hängt **über der** Kreuzung.
Das Stopp-Schild steht **vor der** Kreuzung.
Das Auto steht **neben der** Parkuhr.
Die Polizei steht **hinter dem** Haus.
Detlev steht **zwischen den** Polizisten.

Das Auto fährt **an den** Baum.
Die Katze klettert **auf den** Baum.
Atze kriecht **unter das** Auto.
Großvater steigt **in das** Auto.

Der Hund steht **am** Baum.
Der Vogel sitzt **auf dem** Baum.
Der Vater liegt **unter dem** Auto.
Mutter sitzt **im** Auto.

28 Präpositionen mit Zeitangaben: *bis, an, in, nach, von … bis, vor, um, zwischen*

▶ G 7, 16

Ich habe Schule **bis** um 3 Uhr.
Tschüs, **bis** Mittwoch.
Ich komme **in** zwei Tagen zurück.
Am Samstag habe ich keine Schule.
Ich arbeite samstags immer **von** 9 **bis** 1.

Ich komme **zwischen** 4 und 5 zurück.
Es ist jetzt 10 **vor** 7.
10 **nach** 7 muss ich nach Hause gehen.
Ich besuche dich **nach** der Schule.
Um wie viel Uhr kommst du?

▶ 11 / G 2, 9–11

29 Verben: Präteritum

a Regelmäßige Verben

Herr Schmidt **wischte** die Tafel ab und **packte** seine Tasche.
Einstein und Herr Schmidt **schauten** aus dem Fenster.

Infinitiv	schau-en
ich/er/es/sie	schau-**te**
wir/sie/Sie	schau-**ten**

⚠ Die zweite Person Singular und Plural brauchst du fast nie.
Nur bei den Modalverben und *haben* und *sein* verwendet man sie oft.

b Unregelmäßige Verben

Albert Neumann tr**u**g eine Brille. Alle nannten ihn Einstein.
Sein bester Freund h**ie**ß Olli.

Infinitiv	tragen
ich/er/es/sie	tr**u**g
wir/sie/Sie	tr**u**gen

Unregelmäßige Verben verändern den Vokal im Stamm.

30 Liste der unregelmäßigen Verben

Die Liste enthält die unregelmäßigen Verben aus geni@l A2. Bei Verben mit trennbaren Vorsilben ist nur die Grundform aufgeführt: *aufschreiben* siehe *schreiben*, *anrufen* siehe *rufen* usw. Das Perfekt mit sein ist grün markiert.

befehlen, er befiehlt, befahl, er hat befohlen
bekommen, er bekommt, bekam, hat bekommen
beschreiben, er beschreibt, beschrieb, hat beschrieben
bitten, er bittet, bat, hat gebeten
bleiben, er bleibt, blieb, **ist** geblieben
braten, er brät, briet, hat gebraten
bringen, er bringt, brachte, hat gebracht
denken, er denkt, dachte, hat gedacht
erschließen, er erschließt, erschloss, hat erschlossen
fahren, er fährt, fuhr, **ist** gefahren
fallen, er fällt, fiel, **ist** gefallen
fangen, er fängt, fing, hat gefangen
finden, er findet, fand, hat gefunden
geben, er gibt, gab, hat gegeben
gehen, er geht, ging, **ist** gegangen
gewinnen, er gewinnt, gewann, hat gewonnen
halten, er hält, hielt, hat gehalten
helfen, er hilft, half, hat geholfen
kommen, er kommt, kam, ist gekommen
lassen, er lässt, ließ, hat gelassen
laufen, er läuft, lief, **ist** gelaufen
leihen, er leiht, lieh, hat geliehen
lesen, er liest, las, hat gelesen
liegen, er liegt, lag, hat gelegen
nehmen, er nimmt, nahm, hat genommen
nennen, er nennt, nannte, hat genannt
pfeifen, er pfeift, pfiff, hat gepfiffen
rennen, er rennt, rannte, **ist** gerannt
schießen, er schießt, schloss, hat geschossen
schlafen, er schläft, schlief, hat geschlafen
schlagen, er schlägt, schlug, hat geschlagen
schneiden, er schneidet, schnitt, hat geschnitten
schreiben, er schreibt, schrieb, hat geschrieben
schreien, er schreit, schrie, hat geschrien
sehen, er sieht, sah, hat gesehen
sitzen, er sitzt, saß, hat gesessen
sprechen, er spricht , sprach, hat gesprochen
springen, er springt, sprang, **ist** gesprungen
stehen, er steht, stand, **ist/hat** gestanden
stehlen, er stiehlt, stahl, hat gestohlen
steigen, er steigt, stieg, **ist** gestiegen
streiten, er streitet, stritt, hat gestritten
tragen, er trägt, trug, hat getragen
treiben, er treibt, trieb, hat getrieben
tun, er tut, tat, hat getan
verbinden, verbindet, verband, hat verbunden
vergehen, er vergeht, verging, **ist** vergangen
vergleichen, er vergleicht, verglich, hat verglichen
verlassen, er verlässt, verließ, hat verlassen
verlieren, er verliert, verlor, hat verloren
werden, er wird, wurde, **ist** geworden
zerreißen, er zerreißt, zerriss, hat zerrissen
ziehen, er zieht, zog, **ist/hat** gezogen

Alphabetische Wortliste

In der Liste findest du die neuen Wörter aus geni@l A2. Namen von Personen, Städten, Ländern usw. sind nicht in der Liste.

Diese Informationen findest du in der Wortliste:

Bei Verben: den Infinitiv, von den unregelmäßigen Verben die 3. Person Singular im Präsens, Präteritum und Perfekt. Beim Perfekt wird außerdem angegeben, wenn das Perfekt mit *sein* gebildet wird.
springen, er springt, sprang, ist gesprungen 38/7

Bei Nomen: das Wort, den Artikel, die Pluralform.
Mensch, der, -en 6/2

Bei Adjektiven: das Wort, die unregelmäßigen Steigerungsformen.
kalt, kälter, am kältesten 50/7

Bei verschiedenen Bedeutungen eines Wortes:
Seite, die, –n (1) *(die Buchseite)* 70/12
Seite, die, –n (2) *(die Straßenseite)* 89/15

Den Wortakzent: kurzer Vokal • oder langer Vokal –.
nett 8/7
legen 36/2

Wo du das Wort findest: Seite/Aufgabennummer.
Punkt, der, -e 37/2

Fett gedruckte Wörter gehören zum Lernwortschatz. Diese Wörter musst du auf jeden Fall lernen.
Hand, die, ''-e 40/13

Wort — Artikel, Plural
Mensch, der, -en 6/1 — Aufgabennummer
Wortakzent — Seite im Buch

Abkürzungen und Symbole

''	Umlaut im Plural (bei Nomen)
*, *	keine Steigerung (bei Adjektiven)
Sg.	nur Singular (bei Nomen)
Pl.	nur Plural (bei Nomen)
(+ *A.*)	Präposition mit Akkusativ
(+ *D.*)	Präposition mit Dativ
(+ *A./D.*)	Präposition mit Akkusativ oder Dativ
Abk.	Abkürzung
ugs.	umgangssprachlich

Eine Liste mit unregelmäßigen Verben von geni@l A2 findest du auf Seite 110.

Aal, der, -e 65/15
ab und zu 59/20
abends 17/16
Abenteuer, das, – 26/8
Abfahrt, die, -en 13
abwischen 66/1
ach 14/4
Achtung, die *Sg.* 10/14
Adventskalender, der, – 97/14
Adventskranz, der, ''-e 97/14
Adventszeit, die *Sg.* 97/14
aggressiv 39/12
äh 14/4
ähnlich 58/16
Akademie, die, -n 14/3
Aktivität, die, -en 23/18
alle *(Die Schokolade ist alle.)* 58/17
Allerseelen, das *Sg.* *(ein katholischer Feiertag)* 65/15
Alltag, der *Sg.* 53/15
Altbau, der, -ten 74/8
Alter, das *Sg.* 38/7
Alternative, die, -n 63/10
altmodisch 42/3
Altstadt, die, ''-e 16/10
Ampel, die, -n 84/2
Anfang, der, ''-e 92/7
anfangen, er fängt an, fing an, hat angefangen 57/14
angehend, *, * 65/15
Angst, die, ''-e 91/3
anhören 66/1
Ankunft, die, ''-e 13
anmalen 98/19
anonym 81/14
anprobieren 43/5
anschauen 18/4
ansehen, er sieht an, sah an, hat angesehen 13/2
anstellen *(Vermutungen anstellen)* 89/15
anstrengen 83/18
Anzug, der, ''-e 44/9
Apfel, der, ''– 48
Aquarium, das, Aquarien 73/7
arbeitslos 78/2
Arbeitszimmer, das, – 75/9
Ärger, der *Sg.* 56

arm, ärmer, am ärmsten 63/9
Arm, der, -e 40/13
arrogant 10/14
Art, die, -en 89/15
Arzt/Ärztin, der/die, "-e/-nen 65/16
Atlas, der, Atlanten 88/13
Aua! 40/15
aufbessern 80/9
auffallen (+ *D.*), ihm fällt auf, fiel auf, ist aufgefallen 85/3
Auflösung, die, -en 59
aufmerksam 7/4
Aufräumspiel, das, -e 46/12
aufregen, sich 83/18
aufsetzen *(die Brille aufsetzen)* 69/7
Aufsicht, die *Sg.* 67/4
aufteilen 69/8
Auge, das, -n 40/13
aus (+ *D.*) (3) 32/7
Ausdruck, der, "-e 57/15
ausgeben, er gibt aus, gab aus, hat ausgegeben 78/2
Ausländer/Ausländerin, der/die, –/-nen 84/2
ausländisch 49/4
auspacken 66/1
ausprobieren 11/19
Ausrede, die, -n 83/19
ausruhen (+ sich) 37/2
Ausruhen, das *Sg.* 13
aussprechen, er spricht aus, sprach aus, hat ausgesprochen 32/7
austauschen 80/10
Austauschschüler/-schülerin, der/die, –/-nen 89/15
austragen, er trägt aus, trug aus, hat ausgetragen *(Zeitungen austragen)* 78/2
auswählen 38/6
Auswertung, die, -en 36/2
ausziehen, er zieht aus, zog aus, hat ausgezogen 23/20
Auweia! 83/18
Bad, das, "-er 75/9
Badminton, das *Sg.* 36/2
Balkon, der, -e 74/8
Ballwerfen, das *Sg.* 38/7
Bank, die, "-e *(Sitzbank)* 23/20
Banküberfall, der, "-e 65/16
Baseball *Sg.* ohne Artikel *(das Spiel)* 89/15
basteln 35/16
Bauch, der, "-e 40/13
Bauchschmerzen *Pl.* 41/16
Bauchweh, das, *Sg.* 65/16
beantworten 38/7
bearbeiten 92/7
bedeckt 88/11
beeilen (+ sich) 85/3
befehlen, er befiehlt, befahl, hat befohlen 65/15
befragen 52/13
befreundet 32/7
begeistert 23/20
begründen 38/6
Begründung, die, -en 41/18
bei (+ *D.*) 20/9
beige, *, * 44/9
Bein, das, -e 40/13
bekommen, er bekommt, bekam, hat bekommen 49/4
beliebt 26/8
belohnen 65/15
Belohnung, die, -en 79/5
bemalen 98/19
benutzen 35/12
beobachten 10/14
Beobachtung, die, -en 85/3
bequem 43/5
Bereich, der, -e 83/18
bereits 26/8
berichten 46/14
Berliner, der, – *(eine Speise)* 48
beruhigen (+ sich) 83/20
Bescheid, der, -e *(Bescheid wissen)* 67/4
beschreiben, er beschreibt, beschrieb, hat beschrieben 11/20
Beschwerdebrief, der, -e 77/15
besorgen 47/17
besprechen, er bespricht, besprach, hat besprochen 67/4
bestimmt (2) 7/6
Bestseller, der, – 26/8
Besuch, der, -e 16/12
besuchen 17/14
Besucher/Besucherin, der/die, –/-nen 69/7
betonen 34/11
Betrag, der, "-e 79/5
Betrugsversuch, der, -e 23/19
bevor 83/18
Bewegung, die, -en 22/16
bewölkt 88/11
bezahlen 78/2
Bikini-Top, das, -s *(das Oberteil)* 42/1
bilden 22/16
billig 25/7
Biografie, die, -n 20/10
bis (2) 59/20
bisher 26/8
bitten, er bittet, bat, hat gebeten 8/7
Blatt, das, "-er (2) 32/7
Blick, der, -e 18/2
Blödsinn, der *Sg.* 53/15
Bluse, die, -n 43/5
Bohne, die, -n 65/15
böse, böser, am bösesten 7/4
braten, er brät, er briet, hat gebraten 63/10
Bratkartoffel, die, -n (meist *Pl.*) 49/4
brennen, er brennt, brannte, hat gebrannt 97/14
Brieffreund/Brieffreundin, der/die, -e/-nen 28/14
Brille, die, -n 42/1
Brokkoli, der,-s 48
Bronze, die *Sg.* 38/7
Brotsorte, die, -n 52/13
Brücke, die, -n 12
brüllen 65/15
Brust, die, "-e 40/13
brutal 39/12
Bücherei, die, -en 26/8
Bücherwurm, der, "-er 26/8
Bummel, der, – 18/4
Bummeln, das *Sg.* 13
Bundesjugendspiele *Pl.* (*Abk.* BJS) 38
Bundesland, das, "-er 89/17
Büro, das, -s 69/7
Bushaltestelle, die, -n 68/7
ca. (= circa) 26/8
Café, das, -s 18/4
Chance, die, -n 26/8
Chaos, das *Sg.* 73/6
chaotisch 18/1
Chef/Chefin, der/die, -s/-nen 63/9
Chips *Pl.* 48
Christkindlmarkt, der, "-e 97/14
christlich 98/19
Christstollen, der, – 97/14
Cola, die, -s 38/6
Collage, die, -n 42/1
Computerspiel, das, -e 25/7
cool 19/4
Cornflakes *Pl.* 50/7
dafür 38/7
dagegen 25/7
Dame, die, -n 52/14
danach 18/3
darüber 24/1
dasitzen, er sitzt da, saß da, hat dagesessen 10/14
dass 21/13
dauern 16/12
Daumen, der, – 40/13
dazu 43/5
dazugehören 38/7
dehnen, sich 65/15
dekorieren 97/14

deshalb 66/1
Deutschlehrer/Deutschlehrerin, der/die, –/-nen 52/12
deutschsprachig 89/17
diagonal 94/10
Diamant, der, -en 73/4
Diamantensuche, die *Sg.* 73/4
dick 6
Diebstahl, der, "-e 67/4
Ding, das, -e 47/16
direkt 74/8
Diskette, die, -n 73/7
diskutieren 12
doch *(Ist doch klar!)* 26/8
Doktor/Doktorin, der/die, Doktoren/-nen 65/16
Dom, der, -e 14/3
Dorf, das, "-er 16/10
drauf sein, er ist drauf, war drauf, ist drauf gewesen 55/6
Drohne, die, -n 65/15
drucken 83/18
Druckerei, die, -en 83/18
dumm, dümmer, am dümmsten 7/4
dunkel 42/3
dunkelblau, *, * 44/9
dunkelrot, *, * 45/9
durchschneiden, er schneidet durch, er schnitt durch, hat durchgeschnitten 63/10
duschen 23/17
echt 23/20
Ecke, die, -n 67/4
egal 10/14
ehrlich 6
Ei, das, -er 63/9
Eigenschaft, die, -en 7/5
eigentlich 43/5
eilig 69/7
ein bisschen 18/4
einbauen 47/17
Eindruck, der, "-e 85/3
einfallen (+ *D.*), es fällt ein, fiel ein, ist eingefallen 84/1
einfarbig 42/3
Einkauf, der, "-e 78/2
einmal 38/7
einpacken 34/11
einsammeln 81/14
einschlafen, er schläft ein, schlief ein, ist eingeschlafen 71/17
einsetzen 20/9
einstecken 34/11
Eisdiele, die, -n 78/2
Eislaufen *Sg.* 36/2
elegant 39/12
elektronisch 26/8
Ende, das, -n 12
eng 43/7
Englischarbeit, die, -en 23/19
entdecken 67/4
entfernt 36/2
entschuldigen 47/17
ergänzen 9/9
Ergebnis, das, -se 36/2
erinnern 17/14
erkälten (+ sich) 41/17
Erkältung, die *Sg.* 41/16
erkennen, er erkennt, erkannte, hat erkannt 37/3
erlauben 25/6
Ernährung, die, -en 52/13
Ernährungsstudie, die, -n 52/13
erreichen 26/8
erschließen, er erschließt, er erschloss, hat erschlossen 58/18
ersetzen 26/8
Erwachsene, der/die, -n 35/12
Esslöffel, der, – 63/9
Experte/Expertin, der/die, -n/-nen 26/8
extra 22/16
Extra-Geld, das, -er 78/2
Fachwerkhaus, das, "-er 74/8
Fahrplan, der, "-e 34/11
Fahrt, die, -en (1) 13
Fahrt, die, -en (2) *(Vater ist in Fahrt.)* 83/18
Fährte, die, -n 66
Fall, der, "-e 69/10
falsch 23/20
falten 32/7
Fan, der, -s 26/8
Fantasie, die, -n 26/8
Farbe, die, -n 42/2
Fastfood, das *Sg.* 52/13
faul 83/18
Feier, die, -n 98/20
feige 7/4
Feigling, der, -e 92/7
feilschen 80/10
Feind/Feindin, der/die, -e/-nen 92/7
Feld, das, -er *(das Spielfeld)* 94/10
Ferienhaus, das, "-er 89/15
festhalten, er hält fest, hielt fest, hat festgehalten 32/7
fett 49/6
Feuer, das, – 81/14
Figur, die, -en 26/8
Filiale, die, -n 49/4
Finger, der, – 40/13
Firma, die, Firmen 50/7
Fischmarkt, der, "-e 89/17
fit, fitter, am fittesten 37/5
fix und fertig 12
Flohmarkt, der, "-e 18/2
Flur, der, -e 75/9
Fluss, der, "-e 15/6
flüstern 65/16
Form, die, -en 29/15
Fotoladen, der, "– 18/4
Freitagabend, der, -e 78/2
fremd 85/3
Freundschaft, die, -en 6
Frisör/Frisörin, der/die, -e/-nen 8 7
Frisur, die, -en 8/8
fröhlich 98/19
Frucht, die, "-e 52/13
früher 26/8
frühstücken 23/17
funktionieren 11/19
furchtbar 23/19
Fuß, der, "-e 40/13
Fußballer/Fußballerin, der/die, –/-nen 84/1
Fußballspiel, das, -e 30/3
Fußballtraining, das, -s 33/10
Fußgängerzone, die, -n 30/3
Futter, das *Sg.* 6
Futteral, das, -e 65/15
Gameboy, der, -s 24/5
Garten, der, "– 98/19
Gasse, die, -n 14/3
Gast, der, "-e 86/7
Gasteltern *Pl.* 85/3
Gastfamilie, die, -n 89/15
geben, er gibt, gab, hat gegeben 70/14
Gebäude, das, – 89/17
Gedicht, das, -e 65/15
gefährlich 37/5
Gefühl, das, -e 55
gegen 26/8
gegeneinander 94/10
Gegensatz, der, "-e 35/13
Gegensatzpaar, das, -e 7/4
Gegenteil, das *Sg.* 94/10
gehen (4), er geht, ging, ist gegangen 21/13
gehören (+ *D.*) 9/12
Geist, der *Sg.* 58/17
geistig 32/7
Geldfrage, die, -n 43/6
gemeinsam 22/15
Gemüse, das, – 48
gemütlich 47/17
genauso 22/15
Genie, das, -s 66/1
genug 10/14
gepunktet 42/3

gerade 8/8
gering 52/13
Geschäft, das, -e (1) *(der Laden)* 80/10
Geschäft, das, -e (2) *(die Geschäftsaktivität)* 80/10
Geschichte, die, -n (2) 26/8
geschlechtsspezifisch 35/13
Geschmack, der *Sg.* 43/6
Geschmackssache, die *Sg.* 51
Gesicht, das, -er 40/13
Gespräch, das, -e 10/13
gestreift 42/3
Gesunde, das *Sg.* 52/13
gewinnen, er gewinnt, gewann, hat gewonnen 37/5
Glas, das, "-er *(ein Glas Bier)* 65/15
glasklar, *, * 69/7
Glasschrank, der, "-e 67/4
gleich (3) 14/4
Glotze, die, -n 57/13
glücklich 52/12
Gold, das *Sg.* 38/6
goldgelb, *, * 63/10
Goldmedaille, die, -n 38/7
Goldmünze, die, -n 67/4
Gott/Göttin, der/die, "-er/-nen 83/18
Graben, der, "– 13
Grad, der, *Sg.* *(10 °C)* 88/11
graublau, *, * 42/3
Grippe, die *Sg.* 41/16
Größe, die, -n 43/5
Grund, der, "-e 41/19
Gruppe, die, -n 14/4
Gruppenfahrt, die, -en 12
Gruppenfoto, das, -s 19/4
Gruppenleiter/Gruppenleiterin, der/die, –/-nen 12
grüßen 65/15
Haar, das, -e 40/13
Hähnchen, das, – 31/4
halb-, *, * *(eine halbe Stunde)* 19/4
halbtags 69/7
Hals, das, "-e 40/13
Halsschmerzen *Pl.* 41/17
halten, er hält, hielt, hat gehalten 23/20
Haltestelle, die, -n 14/5
Hand, die, "-e 40/13
Handball *Sg.* ohne Artikel *(das Spiel)* 36/2
Handy-Boom, der -s 26/8
Handykarte, die, -n 79/6
hässlich 90/1
häufig 35/13
Hauptsache, die *Sg.* 38/7
Hauptstraße, die, -n 74/8
Hausbesitzer/Hausbesitzerin, der/die, –/-nen 77/15
Haushalt, der, -e 82/15
Heiligabend, der *Sg.* 97/14
heiß 47/16
helfen, er hilft, half, hat geholfen 23/19
hell 42/3
hellblau, *, * 44/8
hellgrün, *, * 42/3
hellwach, *, * 59/20
herausfinden, er findet heraus, fand heraus, hat herausgefunden 69/7
herausgeben, er gibt heraus, gab heraus, hat herausgegeben 65/16
Herbstferien *Pl.* 12
Heu, das *Sg.* 51/9
Hey! 10/14
High-Tech-Produkt, das, -e 89/15
High-Tech-Zeit, die, -en 26/8
hilfsbereit 7/4
hineingehen, er geht hinein, ging hinein, ist hineingegangen 14/4
hinlegen 43/5
hm 14/4
hoch, höher, am höchsten 27/10
Hochhaus, das, "-er 74/8
Hochsaison, die *Sg.* 69/7
Hochspringen, das *Sg.* 38/7
Hof, der, "-e 74/8
hoffentlich 21/13
holen 57/14
horizontal 94/10
Hose, die, -n 42/1
Hosenanzug, der, "-e 44/8
hundemüde, *, * 71/17
hungrig 67/2
Husten, der *Sg.* 41/16
Hut, der, "-e 42/1
ideal 31/6
Idiot/Idiotin, der/die, -en/-nen 54/3
Igitt! 14/5
Imbiss, der, -e 49/4
Impression, die, -en 12
indirekt 87
Industrie, die, Industrien 26/8
informieren 12
Ingenieur/Ingenieurin, der/die, -e/-nen 20/9
insgesamt 35/13
Internetcafé, das, -s 66/1
Internetprojekt, das, -e 97/18
Intonation, die, -en 92/7
irgendwie 66/1
irren 38/8
Jacke, die, -n 42/1
Jahreszeit, die, -en 85/3
-jährig-/Jährig-, der/die, -n/-n 52/13
jed- *(jeder Text)* 6/2
Journalist/Journalistin, der/die, -en/-nen 71/16
Jugend, die *Sg.* 52
Jugendabteilung, die, -en 12
Jugendgästehaus, das, "-er 12
Jugendherberge, die, -n 17/14
Jugendzeitschrift, die, -en 79/6
Käfig, der, -e 31/4
kahl 65/15
Kajak, der, -s 89/15
kalt, kälter, am kältesten 50/7
Kamel, das, -e 65/15
Kamera, die, -s 34/11
Kanone, die, -n 65/15
Kantine, die, -n 50/7
kapieren 83/18
Karate, das *Sg.* 37/3
kariert, *, * 44/9
Karotte, die, -n 52/13
Kartenspielen, das *Sg.* 24/3
Kartoffel, die, -n 49/6
Karwoche, die, -n 98/19
Käse, der *Sg.* 50/7
Käsebrötchen, das, – 49/4
Katastrophe, die, -n 53/15
Katzenchips *Pl.* 51/9
Kaufhaus, das, "-er 30/3
Kaugummi, der, -s 41/16
Kegelklub, der, -s 69/7
Keks, der, -e 53/15
Keller, der, – 75/9
Kerze, die, -n 97/14
Kilo, das, – (= das Kilogramm, –) 64/12
Kinderzimmer, das, – 75/9
Kinobesuch, der, -e 35/13
Kinokarte, die, -n 78/2
Kirche, die, -n 14/3
Kiwi, die, -s 48
Klamotte, die, -n 10/13
klasse, *, * 23/20
Klassenkamerad/Klassenkameradin, der/die, -en/-nen 8/7
Klassik, die *Sg.* 26/8
Kleid, das, -er 45/10
Kleidung, die, -en 42/4
Kleidungsstück, das, -e 42/2
Kleinigkeit, die, -en 67/4
Kleinstadt, die, "-e 64/14
klingeln 26/8
Klo, das, -s 87/10
kloppen 92/7
Klub, der, -s 69/7
klug, klüger, am klügsten 32/7
Knie, das, – 40/13
Koffer, der, – 12
Komma, das, -s 38/8

kommen, er kommt, er kam, er ist gekommen 70/14
Kommode, die -n 46/12
Komparativ, der, -e 27/10
komplett 78/2
Kompliment, das, -e 8/7
Konditorei, die, -en 14/4
Konflikt, der, -e 56/12
König/Königin, der/die, -e/-nen 86/7
Konsequenz, die, -en 81/11
Kontakt, der, -e 28/14
Konto, das, Konten 80/7
kontrollieren 47/15
Kopf, der, "-e 40/13
Kopfschmerzen *Pl.* 41/17
Kopfweh, das *Sg.* 40/15
Körper, der, – 40
Körperteil, der, -e 40/14
Krabbe, die, -n 51/9
krank, kränker, am kränksten 41/16
Krawatte, die, -n 42/1
kreativ 8/7
Kredit, der, -e 79/5
Kreuzung, die, -en 15/6
kriegen 21/12
Kritik, die, -en 57/14
Krone, die, -n 65/15
krumm legen (+ sich) 83/18
Küche, die, -n 75/9
Küchentisch, der, -e 83/18
Küchentür, die, -en 47/17
Kugelstoßen, das *Sg.* 38/7
Kuh, die, "-e 51/9
Kultur, die, -en 86/7
kunsthistorisch 13
Lächeln, das *Sg.* 8/7
Land, das, "-er 47/16
längst 52/13
langweilen (+ sich) 64/12
laufen (2), er läuft, lief, ist gelaufen *(Der Film läuft montags.)* 33/10
laufen (3), er läuft, lief, ist gelaufen *(Ski laufen)* 36/2
laufend, *, * *(Ich frage mich laufend: Warum?)* 58/17
Laune, die, -n 54/3
laut (+ *D.*) (2) 52/13
Lebensmittel, das, – (meist *Pl.*) 52/13
Lebkuchen, der, – 97/14
lecker 85/3
legen 36/2
Leggins *Pl.* 43/7
leicht 26/8
leihen, er leiht, lieh, hat geliehen 77/13
leise 28/14
Lernplakat, das, -e 15/6
Lernziehharmonika, die, -s 35/16
Lese-Club, der, -s 26/8
Leseratte, die, -n 26/8
Leserbrief, der, -e 7/6
letzt- 35/13
Lichterschein, der *Sg.* 96/12
Liebesbrief, der, -e 31/6
Lieblingsessen, das, – 52/13
Lieblingsfarbe, die, -n 46/14
Lieblingsprogramm, das, -e 24/4
Lieblingsthema, das, -themen 88/11
liefern 28/13
liegen (3), er liegt, lag, hat gelegen 52/13
link- *(in der linken Spalte)* 83/18
Liste, die, -n 27/10
Liter, der, – 63/9
Literatur, die, -en 26/8
logisch 63/10
los sein *(Was ist los?)* 41/17
lösen 69/10
losgehen, er geht los, ging los, ist losgegangen *(hier: Es geht los.)* 12
loslassen, er lässt los, ließ los, hat losgelassen 32/7
Lösung, die -en 8/8
Loveparade, die, -s 89/17
Lücke, die, -n 85/3
Mal, das, -e 38/7
malen 39/11
Mama, die, -s 65/16
Manager/Managerin, der/die, –/-nen 47/17
Mantel, der, "– 42/1
Margarine, die *Sg.* 63/9
Markt, der, "-e 26/8
Marktplatz, der, "-e 16/10
Marmelade, die, -n 50/7
Marmorkuchen, der, – 50/7
Matratze, die, -en 72/1
Mausklick, der, -s 80/10
Medaille, die, -n 38/7
Medienexperte/Medienexpertin, der/die, -n/-nen 35/15
Medienstatistik, die, -en 35/14
Medium, das, Medien 24
Meer, das, -e 16/10
mega-out 44/8
Mehl, das *Sg.* 65/15
mehrmals 35/13
meinen 32/7
Meinung, die, -en 11/17
meist- *(Die meisten möchten nach Wien.)* 12
meistens 35/12
Melange, die, -n 19/4
Meldung, die, -en 71/16
Melodie, die, -n 26/8
Menge, die, -n: eine Menge 92/7
Mensch, der, -en 6/2
Miete, die, -n 73/6
Milch, die *Sg.* 63/9
Mindestleistung, die, -en 38/7
Mineralwasser, das *Sg.* 48
Minidisc-Player, der, – 67/4
Mini-Drama, das, -Dramen 65/16
mischen 63/10
Missverständnis, das, -se 86
Mist, der *Sg.* 21/13
mitbringen, er bringt mit, brachte mit, hat mitgebracht 50/7
mitmachen 38/7
mitnehmen, er nimmt mit, nahm mit, hat mitgenommen 21/12
Mitschüler/Mitschülerin, der/die, –/-nen 8/7
Mitspieler/Mitspielerin, der/die, –/-nen 65/16
Mittag, der, -e 21/13
mittags 50/7
mitteilen 67/4
Mitternacht, die, "-e 98/20
Möbelstück, das, -e 72/1
mobil 26/8
Mobilfunk, der *Sg.* 26/8
Modalverb, das, -en 29
Mode, die, -n 43/5
Modenschau, die, -en 42
modern 26/8
möglich 32/7
Möglichkeit, die, -en 23/20
Möhre, die, -n 48
Moment, der, -e 16/11
monatlich 78/2
Monatsanfang, der, "-e 79/5
morgens 43/5
Muffel, der, – 59/20
Mund, der, "-er 40/13
Münze, die, -n 67/4
Museumsdirektor/-direktorin, der/die, -en/-nen 69/7
Musikkassette, die, -n 28/13
mutig 7/4
Muttersprache, die -n 53/15
Mütze, die, -n 43/5
mysteriös 67/4
na ja 31/5
nach (+ *D.*) (2) *(nach zehn Minuten)* 12
nach und nach 83/20
nach wie vor 35/13
nachdenken, er denkt nach, dachte nach, hat nachgedacht 23/20
Nachhilfe, die *Sg.* 29/17

W

nachmittags 12
Nachricht, die, -n 24/4
nachsehen, er sieht nach, sah nach, hat nachgesehen 41/20
nächst- *(nächstes Jahr)* 6
Nachteil, der, -e 25/7
Nachtexpress, der, -e 13
nah, näher, am nächsten 12
Nase, die, -n 40/13
Nation, die, -en 49/4
Natur, die, -en 6
naturhistorisch 13
natürlich 43/6
nennen, er nennt, nannte, hat genannt 46/13
Nerv, der, -en 53/15
nerven 34/11
nett 8/7
neugierig 66/1
Nicht wahr? 32/7
nie 28/14
niemand 7/6
Nikolaustag, der *Sg.* 97/14
Notebook, das, -s 27 9/
Notfall, der, "-e 80/10
notieren 20/7
Notiz, die, -en 30/1
oben 32/7
oberfaul, * 68/7
Oberteil, das, -e 42/1
Obst, das *Sg.* 48
Och! 32/7
offen 7/4
ohne (+ *A.*) 63/10
Ohr, das, -en 40/13
Oje! 40/15
okay (*Abk.* o.k.) 57/13
olympisch *(die Olympischen Spiele)* 36/2
Oper, die, -n 17/16
optimistisch 59
Ordnung, die, -en 32/7
organisieren 38/7
orientieren 32/7
Orientierung, die, -en 14
Ort, der, -e 17/15
Osterei, das, -er 98/19
Osterfest, das *Sg.* 98/19
Osterhase, der, -n 98/19
Ostermotiv, das, -e 98/19
Paar, das, -e 31/6
Päckchen, das, – 63/9
packen 23/17
Packung, die, -en 14/4
Paniermehl, das *Sg.* 63/9
Pantomime, die, -n 30/2
Papa, der, -s 83/18
Paradeiser, der, – *(österreichisch für* die Tomate) 89/17
Partygeschichte, die, -n 54
Pausenbrot, das, -e 59/20
Pausenhof, der, "-e 67/4
PC, der, -s 26/8
pennen *(= schlafen)* 12
per (+ *A.*) 80/10
Personalausweis, der, -e 12
persönlich 97/14
Pfahl, der, "-e 65/15
Pfanne, die, -n 63/9
pfeifen, er pfeift, pfiff, hat gepfiffen 67/4
piep, piep 26/8
Plan, der, "-e *(Stadtplan)* 15/8
Platte, die, -n *(die Schallplatte)* 58/17
Platz, der *Sg.* (2) 74/8
Platz, der, "-e (1) 13
Plätzchen, das, – 97/14
pleite sein, er ist pleite, war pleite, ist pleite gewesen 78/2
Polizei, die *Sg.* 21/13
Polizeisprecher/-sprecherin, der/die, –/-nen 67/4
Pommes frites *Pl.* 31/4
Pommes *Pl. Pl.* (= Pommes frites *Pl.*) 52/13
Pop, der *Sg.* (= Popmusik, Pop-Art usw.) 26/8
populär 26/8
positiv 92/7
Positive, das *Sg.* 59
praktisch 26/8
präsentieren 97/18
Preisliste, die, -n 79/6
Prinz/Prinzessin, der/die, -en/-nen 29/18
privat 81/14
pro (+ *A.*) 25/6
probieren 85/3
Programm, das, -e 13
Projekt, das, -e 89/16
Prospekt, der, -e 12
Prozent, das, -e (*Abk.: %*) 6
prüfen 26/8
Pullover, der, – 42/1
Pult, das, -e 66/1
Punkt, der, -e 37/2
pünktlich 12
Pünktlichkeit, die *Sg.* 86/7
putzen 69/7
Quadratmeter, der, – (*Abk.* qm, m?) 74/8
quatschen 26/8
Rache, die *Sg.* 47/17
Radfahren, das *Sg.* 38/7
Radiomeldung, die, -en 68/6
Radtour, die, -en 6
Rallye, die, -s 94/10
Rang, der, "-e 35/13
Rathaus, das, "-er 19/4
Rätsel, das, – 69/7
Ratte, die, -n 28/12
raus 32/7
rausgehen, er geht raus, ging raus, ist rausgegangen 37/2
Ravioli *Pl.* 50/7
reagieren 57/14
rechnen 67/2
Redewendung, die, -en 53/15
Regal, das, -e 72/1
Regel, die, -n 11/15
Regisseur/Regisseurin, der/die, -e/-nen 65/16
Reh, das, -e 65/15
Reihenfolge, die, -n 35/12
reinkommen, er kommt rein, kam rein, ist reingekommen 47/17
Reisegruppe, die, -n 69/7
reisen 85/3
Rekord, der, -e 38/6
rennen, er rennt, rannte, ist gerannt 36/2
renovieren 74/8
reservieren 21/13
Restaurant, das, -s 49/4
Rhythmus, der, Rhythmen 71/15
Richtung, die -en 23/20
riesengroß, *, * 47/17
Riesenrad, das, "-er 13
riesig 47/17
Ring, der, -e 14/3
Ritter, der, – 63/9
Rock, der, "-e *(das Kleidungsstück)* 42/1
Rockkonzert, das, -e 8/7
Rolle, die, -n 34/11
rollen 63/10
Rollenspiel, das, -e 17/15
Rosine, die, -n 97/14
Rücken, der, – 40/13
Rückreise, die, -n 13
Ruf, der *Sg.* 52/13
rufen, er ruft, rief, hat gerufen 70/14
Rugby, das *Sg.* 36/2
Ruhe, die *Sg.* 21/13
ruhig 31/6
rumziehen, er zieht rum, zog rum, ist rumgezogen 32/7
Runde, die, -n 69/7
Rundfahrt, die, -en 17/14
runterfallen, er fällt runter, fiel runter, ist runtergefallen 40/15

runterlaufen, er läuft runter, lief runter, ist runtergelaufen 68/7
Saal, der, Säle 65/15
Sahne, die *Sg.* 53/15
Salat, der, -e 50/7
salzig
Salzkartoffel, die, -n (meist *Pl.*) 49/4
Satellitenfernsehen, das *Sg.* 26/8
sauber 90/1
sauber machen 78/2
saukalt, *, * 12
Saxophon, das, -e 29/18
Schach, das *Sg.* *(das Schachspiel)* 57/14
Schaf, das, -e 89/15
schaffen 38/7
Schal, der, -s 44/8
scharf, schärfer, am schärfsten 49/6
schauen 66/1
schaurig 58/17
schick 44/8
schicken 26/8
schielen 65/15
schießen, er schießt, schoss, hat geschossen 65/15
Schiffchen, das, – 32/7
Schlafzimmer, das, – 75/9
Schlimmere, das *Sg.* 59/20
schmusen 64/13
schmutzig 90/1
Schnee, der *Sg.* 65/15
schneien (es schneit) 88/11
schnell 13/1
Schnitzel, das, – 49/4
Schnupfen, der *Sg.* 41/16
schockieren 47/17
Schrank, der, "-e 72/1
Schreck, der, -en 14/4
schreiben, er schreibt, schrieb, hat geschrieben 20/10
Schreibtisch, der, -e 72/1
schreien, er schreit, schrie, hat geschrien 47/17
Schritt, der, -e 20/7
Schublade, die, -n 46/12
Schuh, der, -e 12
Schulalltag, der *Sg.* 84/2
Schulbus, der, -se 78/2
Schülerfoto, das, -s 84/1
Schüler-Handy, das, -s 26/8
Schulhof, der, "-e 26/8
Schuljahr, das, -e 80/8
Schulsachen *Pl.* 78/2
Schulschluss, der, *Sg.* 85/3
Schultag, der, -e 23/19
Schultasche, die, -n 67/4
Schulter, die, -n 40/13
Schultür, die, -en 68/7
Schuluniform, die, -en 84/2
Schüssel, die, -n 63/9
schwach, schwächer, am schwächsten 7/4
Seele, die -n 65/15
sehnen (+ sich + nach + *D.*) 65/15
seit (+ *D.*) 14/5
Seite, die, -n (1) *(die Buchseite)* 70/12
Seite, die, -n (2) *(die Straßenseite)* 89/15
selber 32/7
selbst 8/7
Selbstevaluation, die, -en 93/9
Semmel, die, -n 21/13
Sessel, der, – 72/1
setzen 18/4
Silbenrätsel, das, – 97/16
Silber, das *Sg.* 38/7
singen, er singt, sang, hat gesungen 28/12
Sinn, der *Sg.* 58/17
Situation, die, -en 44/9
Skandal, der, -e 47/17
skaten (er ist geskatet) 36/2
Skizze, die, -n 15/9
SMS, die, – 23/19
sofort 41/16
sogar 6/2
Sommerferien *Pl.* 82/15
Sommertyp, der, -en 43/5
Sonnenschein, der *Sg.* 59/20
sonnig 43/5
Sonntag, der, -e 31/4
Sonntagnachmittag, der, -e 50/7
sonst 32/7
Sorte, die, -n 85/3
sortieren 57/13
Souvenir, das, -s 30/3
sowieso 43/6
Spalte, die, -n 83/18
spannend 25/7
sparen 78/2
Spartipp, der, -s 80/10
Spaziergang, der, "-e 18/3
Speise, die, -n 48/3
speziell 26/8
Spickzettel, der, – 23/19
spielen (5) *(keine Rolle spielen)* 52/13
Spielfilm, der -e 24/4
Spielstein, der, -e 94/10
Spinat, der *Sg.* 29/18
spinnen, er spinnt, spann, hat gesponnen *(Du spinnst!)* 40/15
Spitze, die, -n 52/13
spontan 84/2
Sportabzeichen, das, – 38
Sportart, die, -en 36/2
Sportfreak, der, -s 37/2
Sportgeräusch, das, -e 37/3
sportlich 7/4
Sportplatz, der, "-e 38/7
Sportschuh, der, -e 43/5
Sporttest, der, -s 36/2
Sprachbild, das, -er 83/18
Sprechübung, die, -en 65/15
springen, er springt, sprang, ist gesprungen 38/7
Spur, die, -en 67/4
Stadtbummel, der, – 13
Stadtplan, der, "-e 13/2
Stadtrundfahrt, die, -en 13
Stahl, der *Sg.* 65/15
stattfinden, er findet statt, fand statt, hat stattgefunden 38/7
stehen (3), er steht, stand, hat gestanden *(Die Jeans steht dir gut.)* 8/7
stehlen, er stiehlt, stahl, hat gestohlen 65/15
steigen, er steigt, stieg, ist gestiegen 26/8
Stein, der, -e 32/7
Stelle, die, -n 49/4
stellen *(Fragen stellen)* 88/12
Stichpunkt, der, -e 34/12
Stichwort, das, -e/"-er 23/19
Stiefel, der, – 42/1
still 32/7
Stock, der *(das Stockwerk)* 74/8
stoppen 83/18
Strafe, die, -n 79/5
Strand, der, "-e 47/16
Straßenbahn, die, -en 85/3
Straßenbahnkarte, die, -n 79/6
Straßenschuh, der, -e 86/7
Strategie, die, Strategien 94/10
Strauch, der, "-er 98/19
Streit, der *Sg.* 43/5
Streitthema, das, -themen 80/7
streng 84/2
Strophe, die, -n 65/15
Strumpf, der, "-e 12
Strumpfhose, die, -n 42/1
Stück, das, -e (aber: zwei Stück Torte) 48/2
Student/Studentin, der/die, -en/-nen 77/13
Studie, die, -n 52/13
studieren 20/9
Sturz, der, "-e 65/15
Superjob, der, -s 80/10
Superlativ, der, -e 39/10
Supermarkt, der, "-e 78/2
Süßigkeit, die, -en 78/2

Sweatshirt, das, -s 43/5
Symbol, das, -e 26/8
System, das, -e 35
Szene, die, -n 10/14
Tagebuch, das, ”-er 12
Tagebuchauszug, der, ”-e 17/16
Tagebuchtext, der, -e 18/4
Tannenbaum, der, ”-e 96/11
Tapete, die, -n 72/1
Taschengeld, das, -er 56/11
Tasse, die, -n 50/7
Täter/Täterin, der/die, –/-nen 67/4
tauschen 87/9
Teelöffel, der, – 63/10
Teig, der, -e 63/10
Teil, der, -e 35/12
Telefonat, das, -e 71/17
telefonieren 21/13
Telefonrechnung, die, -en 83/18
Teller, der, – 50/7
Tendenz, die, -en 26/8
Textstelle, die, -n 67/3
Thron, der, -e 65/15
Tiger, der, – 31/4
tja 67/4
todschick, *, * 45/10
Tomate, die, -n 50/7
Tomatensoße, die, -n 50/7
Top, das, -s 44/8
topmodern, *, * 45/10
Torte, die, -n 48
tot, *, * 47/17
total 37/5
Touristengruppe, die, -n 71/16
traditionell 97/14
tragen, er trägt, trug, hat getragen 42/3
transportieren 26/8
träumen 52/12
traurig 7/4
Treffen, das, – 13
treiben, er treibt, trieb, hat getrieben *(Sport treiben)* 36/2
Trend, der, -s 26/8
treu 7/4
Trick, der, -s 7/6
T-Shirt, das, -s 8/7
tun, er tut, tat, hat getan *(Tut mir Leid!)* 14/4
Türchen, das, – 97/14
Türklinke, die, -n 32/7
Turnen, das *Sg.* 38/7
Typ, der, -en 36/1
überall 10/14
Überfall, der, ”-e 65/16
überhaupt 43/5
überlegen 47/17
übernachten 30/3
überprüfen 82/17
Überraschung, die, -en 54/3
Überschrift, die, -en 52/13
übrigens 52/13
umdrehen 68/7
Umfrage, die, -n 52/13
umsteigen, er steigt um, stieg um, ist umgestiegen 21/13
umziehen, er zieht um, zog um, ist umgezogen 74/8
unbedingt 9/11
und so weiter *(Abk.* usw.) 17/16
unehrlich 7/4
unglaublich 69/7
Universität, die, -en 14/3
unmodern 45/10
unschuldig 71/17
unten 12
untergehen, er geht unter, ging unter, ist untergegangen 89/15
unterhalten (+ sich), unterhält, unterhielt, hat unterhalten 54/3
Unterhose, die, -n 42/1
Unterschied, der, -e 34/12
Unterschrift, die, -en 23/19
untreu 7/4
unzufrieden 78/2
unzuverlässig 7/4
Urkunde, die, -n 38/7
usw. (= und so weiter) 28/14
Vanillezucker, der *Sg.* 63/9
Variation, die, -en 49/4
verabreden (+ sich) 59/20
verändern 34/11
verbinden, er verbindet, verband, hat verbunden *(Informationen verbinden)* 76
Verdacht, der *Sg.* 68/5
verdächtig 68/7
verdienen 26/8
Verein, der, -e 85/3
Vergangene, das *Sg.* 93/9
Vergangenheit, die *Sg.* 20
vergleichen, er vergleicht, verglich, hat verglichen 11/20
Verkehr, der *Sg.* 84/2
verkloppen 92/7
verlassen (+ sich + auf), er verlässt, verließ, hat verlassen 6
verlieben (+ sich) 66/1
verliebt 66/1
verlieren, er verliert, verlor, hat verloren 23/19
vermissen 85/3
vermuten 67/4
Vermutung, die, -en 89/15
verpassen 23/20
verrückt 54/3
verrühren 63/10
verschieden 36/2
Version, die, -en 65/16
verstecken 73/4
versuchen 58/17
verteilen 34/11
vertikal 94/10
vertrauen 6
vertraulich 66/1
Verwandte, der/die, -n 97/14
verwenden 19/6
Videokonsum, der *Sg.* 35/13
Videospiel, das, -e 56/12
Vokabel, die, -n 23/19
Vokabelstadtplan, der, ”-e 15/6
Voll-Chaot/Voll-Chaotin, der/die, -en/-nen 12
Volleyball *Sg.* ohne Artikel *(das Spiel)* 36/2
vor allem 35/13
vorbeifahren, er fährt vorbei, fuhr vorbei, ist vorbeigefahren 74/8
vorbeigehen, er geht vorbei, ging vorbei, ist vorbeigegangen 14/4
vorbereiten 17/15
vorgestern 66/1
vorlesen, er liest vor, las vor, hat vorgelesen 24/4
Vormittag, der, -e 18/4
Vorname, der, -n 89/15
Vorschlag, der, ”-e 64/12
vorschlagen, er schlägt vor, schlug vor, hat vorgeschlagen 67/4
Vorsicht, die *Sg.* 31/6
vorspielen 9/12
vorstellen (+ sich) 73/4
Vorteil, der, -e 25/7
Vortrag, der, ”-e 30/3
vortragen, er trägt vor, trug vor, hat vorgetragen 65/15
Vorweihnachtszeit, die *Sg.* 97/14
wählen 38/7
wahnsinnig 83/18
wahr 82/17
während 69/7
Walkman, der, -s/-men 34/11
warm, wärmer, am wärmsten 45/11
wechseln 57/14
Wecker, der, – 59/20
Wegbeschreibung, die, -en 15/7
wegen (+ *D./G.*) 23/19
weggehen, er geht weg, ging weg, ist weggegangen 21/13
weglaufen, er läuft weg, lief weg, ist weggelaufen 22/16

wẹglegen 67/4
wẹgmüssen, er muss wẹg, musste wẹg, hat wẹggemusst 66/1
wẹgnehmen, er nimmt wẹg, nahm wẹg, hat wẹggenommen 23/19
Weihnacht, die *Sg.* 96/12
Weihnachten, das, – 96
weihnachtlich 97/14
Weihnachtsfeiertag, der, -e 97/14
Weihnachtsfest, das, -e 97/14
Weihnachtsgans, die, "-e 97/14
Weihnachtsgedicht, das, -e 96/12
Weihnachtslied, das, -er 96/11
Weihnachtsmann, der, "-er 97/14
Weihnachtsmarkt, der, "-e 97/14
weil 41/16
Weile, die *Sg.* 68/7
weinen 65/16
Weißbrot, das, e 52/13
weit (2) *(weite Hosen)* 43/7
weitergehen, er geht weiter, ging weiter, ist weitergegangen 17/16
weiterlesen, er liest weiter, las weiter, hat weitergelesen 14/5
weiterspielen 89/17
Weitspringen, das *Sg.* 38/7
Wẹlle, die, -n 12
Wẹlt, die, -en 26/8
Wẹltrekord, der, -e 39/9
weniger 28/13
wẹnn 56/10
werden, er wịrd, wụrde, ist gewọrden 29/18
wẹrfen, er wịrft, wạrf, hat gewọrfen 39/11
wertvoll 67/4
Wẹstbahnhof, der, "-e 23/20
Wẹtterkarte, die, -n 88/12
widerspręchen, er widersprịcht, widersprach, hat widersprọchen 57/15
Wiederholung, die, -en 70/11
wiederkommen, er kommt wieder, kam wieder, ist wiedergekommen 9/11
wịndig 88/11
wịrklich 23/20
Wịtz, der, -e 52/14
wịtzig 59/20
Wọche, die, -n 35/13
Wọchenendausflug, der, "-e 64/13
Wọchenendreise, die, -n 17/14
wọ̈chentlich 78/2
wofür 78
wohl 58/17
Wohnung, die, -en 73/6
Wohnungstür, die, -en 83/18
woran 78/1
worauf 76/12
wụndern 67/3
Wụnsch, der, "-e 8/7
wụ̈nschen 69/7
wụrst *(Das ist mir wurst!)* 53/15
Wụrstbrötchen, das, – 49/4
wütend 82/17
z.B. (= zum Beispiel) 28/14
zählen 69/7
Zahn, der, "-e 40/13
Zeile, die, -n 66/1
Zeitungsanzeige, die, -n 80/10
Zeitungsbericht, der, -e 67/4
Zeitungsnotiz, die, -en 26
Zentrale, die, -n *(hier: Bankzentrale)* 65/16
Zẹntrum, das, Zẹntren 18/2
zerreißen, er zerreißt, zerrịss, hat zerrịssen 58/17
Zeugs, das *Sg.* 32/7
Ziel, das, -e 12
ziemlich 10/14
Zịmt, der *Sg.* 63/9
Zịrkus, der, -se 30/1
zu (+ *D.*) 31/4
Zugfahrt, die, -en 12
zum Teil (*Abk.* z.T.) 86/7
zur (+ *D.*) (= zu der) 36/2
zurụ̈ckgeblieben 32/7
zurụ̈ckbringen, er bringt zurụ̈ck, brachte zurụ̈ck, hat zurụ̈ckgebracht 21/13
zurụ̈ckfahren, er fährt zurụ̈ck, fuhr zurụ̈ck, ist zurụ̈ckgefahren 14/5
zurụ̈ckgeben, er gibt zurụ̈ck, gab zurụ̈ck, hat zurụ̈ckgegeben 67/4
zurụ̈ckgehen, er geht zurụ̈ck, ging zurụ̈ck, ist zurụ̈ckgegangen 12
zurụ̈ckkommen, er kommt zurụ̈ck, kam zurụ̈ck, ist zurụ̈ckgekommen 23/20
zurụ̈cklaufen, er läuft zurụ̈ck, lief zurụ̈ck, ist zurụ̈ckgelaufen 23/20
zurụ̈cklegen 68/7
zurụ̈ckrennen, er rennt zurụ̈ck, rannte zurụ̈ck, ist zurụ̈ckgerannt 23/20
zurụ̈ckspringen, er springt zurụ̈ck, sprang zurụ̈ck, ist zurụ̈ckgesprungen 12
zurụ̈ckzahlen 83/20
zusạmmenfassen 73/6
zusạmmenpassen 6/1
zusạmmenstellen 89/16
zuverlässig 7/4
zwar (zwar ... aber) 26/8
zweitwichtigst- 98/19
zwịschen (+ *A./D.*) 12

Quellen

U 2 © Polyglott Verlag
6 v.o.n.u: T. Scherling, V. Daly, M. Koenig, H. Funk
7 L. Rohrmann
10 V. Daly
12 H. Funk, V. Daly
13 © Stadtplan: Polyglott
14 l.: R. Freyer, M. u. r.: H. Funk
15 M. Sturm
17 V. Daly
18 H. Funk
19 V. Daly
21 V. Daly
23 L. Rohrmann
24 V. Daly
28 P. Kunzler, U. Koithan
31 M. Koenig
32 Freunde: mit frdl. Genehmigung von Gina Ruck-Pauquêt
33 © Jugendamt der Stadt Kassel, Kinder- und Jugendbüro
35 C. Knobel
37 l.: dpa, Bildarchiv München, M.:V. Daly (2), r.: M. Koenig
38 u.: M. Koenig
43 V. Daly (2)
44 V. Daly
48 1, 5–8, 10 M. Koenig, 2, 4 L. Rohrmann, 9 T. Scherling
50 V. Daly
54 A. Sulzer
55 M. Mariotta
58 Schaurig, traurig: © 1992 by Moderato Musikproduktion GmbH / George Glueck Musik GmbH
59 l. + M. T. Scherling, r. D Rogge
60 S. Keller (3)
61 V. Daly
62 o.: dpa, Bildarchiv München, M.:V. Daly
63 H. Funk (5)
64 H. Funk
65 Sprechübung: mit freundl. Gen. von Claudia Lobe-Janz
72 M. Koenig
74 1 M. Koenig, 2 L. Rohrmann, u. M. Mariotta (4)
75 3 M. Mariotta, 4 L. Rohrmann
78 V. Daly
79 V. Daly
80 u.: H. Funk
82 V. Daly
84 1, 3–5 L. Rohrmann, 2 H. Funk, 6 A. Scherling
88 Wetterkarte: © wetterOnline.de, Länderumrisse: © Polyglott Verlag, München
89 l.: V. Daly, M.: P. Schmidt, r.: V. Daly
90 Fotos: o.: L. Rohrmann, u.: T. Scherling, Josef Reding, Meine Stadt, mit frdl. Gen. von Josef Reding
92 Peter Härtling, Sollen wir uns kloppen: mit freundl. Gen. des Autors
96 1, 2 H. Funk, 3 L. Rohrmann, 5 Archiv Bild + Ton Weihnachtsgedicht von Birgit Bachmann, mit freundl. Gen. der Autorin
97 Homepage: © 2001 Es weihnachtet sehr
98 o.:T. Scherling (3), u.: M. Koenig

Eine geni@ale Rallye durch das Buch (S. 94–95) – Lösungen

1. Beispiel: Ein Freund muss nett, sportlich und lustig sein.
2. schwach, leise, uninteressant
3. Die Hauptstadt heißt Wien.
4. Beispiel: Es geht mir gut. / Es geht mir schlecht.
5. Express- und Schnüffelstrategie
6. Beispiel: Das ist Rudi. / Er mag Computer. / Er hat eine Ratte. / Er macht Musik in einer Band.
7. Sie mag Stefan.
8. das / die Telefone – die / die E-Mails – der / die Computer
9. Berlin ist größer als Kassel. / Ein Ferrari ist teurer als ein VW.
10. Beispiel: „Ich finde, dass unsere Lehrer nett sind."
11. „Ich konnte nicht kommen. Ich musste zur Nachhilfe und später hatte ich Klavierunterricht."
12. Annas Freund heißt Peter
13. Beispiel: Handball, Fußball, Judo
14. Das Mädchen macht Tattoos. Sie malt Bilder auf die Haut. Wenn man duscht, sind die Bilder wieder weg.
15. Das ist ein Sportfest mit Laufen, Werfen, Springen usw. Jeder kann mitmachen und bekommt Punkte. Am Ende bekommt man eine Urkunde.
16. Beispiel: das T-Shirt, die Hose, der Pullover, die Jeans, der Schal
17. ein Fuß – zwei Füße
18. Das ist zu weit. / Das ist zu eng.
19. Sie trägt eine blaue Bluse (und einen Ohrring).
20. Der Junge isst ein Eis.
21. Falsch. Das ist Familie Schumann.
22. Beispiel: „Ich esse ein Brot mit Wurst und ein Müsli. Und ich trinke einen Kakao."
23. Von „Ausbeimit" nach „Vonseitzu" fährst immer mit dem Dativ du!
24. Das ist ein Zeitungsartikel.
25. Herr Schmidt ist Mathelehrer von Beruf.
26. „Da haben wir den Salat."
27. Beispiel: modisch, teuer, in, langweilig, chic, altmodisch ...
28. Beispiel: Das Bett steht in der Ecke. Der Tisch steht an der Wand. Der/Sein Computer steht auf dem Tisch.
29. gehen – ging – gegangen / lachen – lachte – gelacht / nehmen – nahm – genommen
30. Beispiel: Am Wochenende habe ich meine Freunde getroffen. / Am Samstag sind wir im Park gewesen und haben Basketball gespielt. / Am Sonntag habe ich meine Großeltern besucht.
31. Beispiel: Mach eine Party und lade Leute ein. / Sei nett zu anderen in der Klasse.
32. Eine Lernziehharmonika. Damit kann man Vokabeln lernen.
33. Beispiel: Er hat zu viel gelernt. Jetzt hat er Kopfschmerzen.
34. Er steht in Wien.
35. Ich gehe in **die** Disco. (gehen + Akkusativ). – Ich stehe in **der** Disco. (stehen + Dativ)
36. Sabrina und Carsten schreiben ein Tagebuch.